# diseño de **logotipos 2**

Título original: **LETTERHEAD & LOGO DESIGN 7**

Versión castellana de Eugeni Rosell
Diseño del interior: Sayles Graphic Design
Diseño de la cubierta: Toni Cabré/Editorial Gustavo Gili

© Rockport Publishers, Inc., 2001
    para la edición castellana
    Editorial Gustavo Gili, SA, Barcelona, 2002
    y para la presente edición
    Ediciones G. Gili, SA de CV, México, 2002

ISBN 968-887-399-3

Impreso en China

**Ediciones G. Gili, SA de CV**

**México, Naucalpan 53050**   Valle de Bravo, 21.   Tel. 55 60 60 11
**08029 Barcelona**   Rosselló, 87-89.   Tel. 93 322 81 61
**Portugal, 2700-606 Amadora**   Praceta Notícias de Amadora, nº 4B.   Tel. 21 491 09 36

# diseño de **logotipos 2**

**GG**®/México

# ÍNDICE

12 | **Servicios profesionales**

 64 | **Firmas creativas**

 90 | **Tiendas, restaurantes y hoteles**

 144 | **Diversión y ocio**

 168 | **Educación, sanidad y entidades sin afán de lucro**

 184 | **Varios**

# INTRODUCCIÓN

La capacidad de captar, expresar, estimular, describen algunos de los últimos y más innovadores diseños de membretes y logotipos en uso en la actualidad. Estos diseños captan la atención, expresan un mensaje, estimulan el interés, impulsan un producto, provocan una respuesta y golpean a la competencia.

Los mejores diseñadores de la actualidad están creando logotipos y membretes que comunican su mensaje con rotundo grafismo, texturas inesperadas, colores brillantes y efectos especiales. El uso razonable de estos elementos diferencia un buen sistema de logotipos o membretes de otro extraordinario, y los realmente extraordinarios tienen la capacidad adicional de transmitir la personalidad organizativa del cliente a primer golpe de vista.

La mejor manera en que un diseño de logotipo o membrete puede comunicar con éxito el mensaje de una empresa es con la versatilidad. Un buen logotipo debe ser efectivo en uno o varios colores y ser capaz de aparecer en muchos tamaños distintos y en una variedad de medios. Puede requerirse que sea simultáneamente claro en un fax, pequeño en una tarjeta comercial, enorme en una valla publicitaria y digital en una página web.

Los trabajos seleccionados para Diseño de logotipos 2 representan a más de 70 estudios de diseño. Los más de 200 proyectos que aparecen en este libro incluyen nuevos diseños, impactantes ilustraciones e inteligentes ejecuciones. Su propósito es inspirarle para diseñar sistemas de logotipos y membretes que cumplan con su misión de forma efectiva y creativa. Disfrútelos.

-John Sayles, Sheree Clark y el equipo de Sayles Graphic Design

# SOBRE EL AUTOR

John Sayles trabajó para dos agencias publicitarias de Des Moines, Iowa, antes de iniciar su propio estudio en 1983. En 1985 John se asoció con Sheree Clark y gracias a un exitoso proyecto de diseño, Sayles Graphic Design inauguró su local en el centro de Des Moines.

Hoy en día Sayles Graphic Design tiene clientes en todo el mundo en casi todos los tipos de servicios y actividades. Una filosofía sencilla –creatividad, coherencia, honestidad– y un característico enfoque del negocio permiten que, el diseño y la estrategia vayan de la mano en cada proyecto.

Desde su fundación, Sayles Graphic Design ha desarrollado más de 500 programas de logotipos e iconos y casi 200 de membretes, además de proyectos que incluyen packaging, propaganda por correo y productos similares. Su estilo rotundo y el uso de materiales no tradicionales han hecho que el trabajo de este estudio sea conocido en todo el mundo. Sayles Graphic Design se ha convertido en un nombre habitual en las publicaciones de diseño locales e internacionales, un frecuente ganador de galardones en todo el mundo y una autoridad en temas tales como diseño creativo de propaganda por correo, diseño de materiales no tradicionales y autopromoción. El trabajo de Sayles Graphic Design está incluido también en las colecciones permanentes del Museo Nacional de Diseño del Instituto Smithsoniano y de la Biblioteca del Congreso norteamericano.

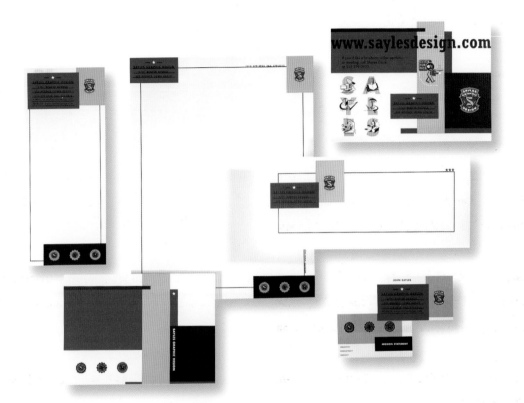

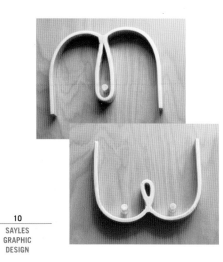

CLIENTE | Mezzodi's Restaurant

CLIENTE | American Cancer Society

# SERVICIOS PROFESIONALES

| | |
|---|---|
| **ESTUDIO DE DISEÑO** | A1 Design |
| **DISEÑO** | Amy Gregg |
| **CLIENTE** | Sandglass |
| **MEDIOS INFORMÁTICOS** | Adobe Illustrator, Macintosh |

1 (877) sandglass
Tel (301) 942.8400
Fax (202) 478.1724

3333 University Blvd.West
Suite 1102
Kensington, MD 20895

www.sandglass.com

≣ sandglass

1 (877) sandglass
Tel (301) 942.8400
Fax (202) 478.1724

3333 University Blvd.West
Suite 1102
Kensington, MD 20895

≣ sandglass

**David Hidalgo**
dhidalgo@sandglass.com
www.sandglass.com

3333 University Blvd.West
Suite 1102
Kensington, MD 20895

≣ sandglass

WWW.REDWHISTLE.COM

201 CALIFORNIA STREET SAN FRANCISCO, CA 94111

49 STEVENSON STREET SAN FRANCISCO, CA 94105  TEL 415.512.4900 FAX 415.975.9930
WWW.REDWHISTLE.COM
A WEBER SHANDWICK WORLDWIDE COMPANY

| | |
|---|---|
| ESTUDIO DE DISEÑO | A1 Design |
| DISEÑO | Amy Gregg |
| CLIENTE | Red Whistle |
| MEDIOS INFORMÁTICOS | Adobe Illustrator, Macintosh |

| | |
|---:|:---|
| ESTUDIO DE DISEÑO | A1 Design |
| DIRECCIÓN ARTÍSTICA | Amy Gregg |
| DISEÑO | Qui Tong |
| CLIENTE | Aberdare Ventures |
| MEDIOS INFORMÁTICOS | Adobe Illustrator, Macintosh |

# ABERDARE ⬥ VENTURES

**I B S**
614
238-0697

**I B S**
614
238-0697

**I B S**
614
238-0697

DENISE BRIDGETTE HASHEMI

*OPERATIONS/DESIGN*

**IBS**

INTEGRATED BUILDING SERVICES

2513 EAST MAIN STREET, SUITE C

BEXLEY, OHIO 43209

614.238.0697 T   614.238.0735 F

614.206.5455 MOBILE

ERIC VACHERESSE

*SUPERINTENDENT*

**IBS**

INTEGRATED BUILDING SERVICES

2513 EAST MAIN STREET, SUITE C

BEXLEY, OHIO 43209

614.238.0697 T   614.238.0735 F

614.206.4389 MOBILE

RICHARD WALLACH

*PRESIDENT*

**IBS**

INTEGRATED BUILDING SERVICES

2513 EAST MAIN STREET, SUITE C

BEXLEY, OHIO 43209

614.238.0697 T   614.238.0735 F

614.206.4387 MOBILE

| | |
|---|---|
| **ESTUDIO DE DISEÑO** | Base Art Co. |
| **DIRECCIÓN ARTÍSTICA** | Terry Alan Rohrbach |
| **DISEÑO** | Terry Alan Rohrbach |
| **CLIENTE** | Integrated Business Solutions |
| **MEDIOS INFORMÁTICOS** | Macromedia FreeHand, Macintosh |

| | |
|---|---|
| **ESTUDIO DE DISEÑO** | Buchanan Design |
| **DIRECCIÓN ARTÍSTICA** | Bobby Buchanan |
| **DISEÑO** | Bobby Buchanan |
| **CLIENTE** | Davinci by Design |
| **MEDIOS INFORMÁTICOS** | Adobe Illustrator, Macintosh |

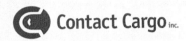 Contact Cargo inc.

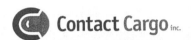 Contact Cargo inc.

769, Stuart Graham Nord, bureau 131
Dorval (Québec) H4Y 1E7

**Denis Trottier**
Directeur général
General Manager

 Contact Cargo inc.

765, Stuart Graham Nord, bureau 50
Dorval (Québec) H4Y 1E6
Tél.: (514) 636-7007
Fax: (514) 636-2100

769, Stuart Graham Nord, bureau 131, Dorval (Québec) H4Y 1E7     Tél.: (514) 636-1551  •  Fax: (514) 636-9573

GENERAL CONTRACTING    DESIGN/BUILD    CONSTRUCTION MANAGEMENT

GENERAL CONTRACTING  DESIGN/BUILD
CONSTRUCTION MANAGEMENT

**RONALD J. STONITSCH**
PRESIDENT

409 W. JEFFERSON STREET   JOLIET, ILLINOIS 60435
TEL: 815.723.2233   FAX: 815.723.2171
www.stonitsch.com   e-mail: rstonitsch@stonitsch.com

409 W. JEFFERSON STREET    JOLIET, ILLINOIS 60435   TEL: 815.723.2233   FAX: 815.723.2171
visit us at: www.stonitsch.com

| | |
|---|---|
| **ESTUDIO DE DISEÑO** | Bullet Communications, Inc. |
| **DIRECCIÓN ARTÍSTICA** | Timothy Scott Kump |
| **DISEÑO** | Timothy Scott Kump |
| **CLIENTE** | Stonitsch Construction |
| **MEDIOS INFORMÁTICOS** | Quark XPress, Macintosh |

| | |
|---|---|
| **ESTUDIO DE DISEÑO** | Beaulieu Concepts Graphiques, Inc. |
| **DIRECCIÓN ARTÍSTICA** | Gilles Beaulieu |
| **DISEÑO** | Gilles Beaulieu |
| **CLIENTE** | Contact Cargo |
| **MEDIOS INFORMÁTICOS** | Adobe Illustrator, Macintosh |

# lasertek

| | |
|---|---|
| **ESTUDIO DE DISEÑO** | cincodemayo |
| **DIRECCIÓN ARTÍSTICA** | Mauricio Alanis |
| **DISEÑO** | Mauricio Alanis |
| **CLIENTE** | Lasertek |
| **MEDIOS INFORMÁTICOS** | Macromedia FreeHand, Macintosh |

| | |
|---:|:---|
| **ESTUDIO DE DISEÑO** | Christopher Gorz Design |
| **DIRECCIÓN ARTÍSTICA** | Chris Gorz |
| **DISEÑO** | Chris Gorz |
| **CLIENTE** | Scubalogy |
| **MEDIOS INFORMÁTICOS** | Adobe Illustrator, Macintosh |

## Basic, Advanced & Specialty SCUBA Instruction

| | |
|---|---|
| **ESTUDIO DE DISEÑO** | Christopher Gorz Design |
| **DIRECCIÓN ARTÍSTICA** | Chris Gorz |
| **DISEÑO** | Chris Gorz |
| **CLIENTE** | EnvestNet |
| **MEDIOS INFORMÁTICOS** | Adobe Illustrator, Macintosh |

# PRINCETON REIMBURSEMENT GROUP

| | |
|---:|:---|
| ESTUDIO DE DISEÑO | Design Center |
| DIRECCIÓN ARTÍSTICA | John Reger |
| DISEÑO | Sherwin Schwartzrock |
| CLIENTE | Princeton Reimbursement Group |
| MEDIOS INFORMÁTICOS | Macromedia FreeHand, Macintosh |

# CoreVISION

| | |
|---|---|
| **ESTUDIO DE DISEÑO** | Design Center |
| **DIRECCIÓN ARTÍSTICA** | John Reger |
| **DISEÑO** | Sherwin Schwartzrock |
| **CLIENTE** | Core Vision |
| **MEDIOS INFORMÁTICOS** | Macromedia FreeHand, Macintosh |

| | |
|---:|:---|
| ESTUDIO DE DISEÑO | Design Center |
| DIRECCIÓN ARTÍSTICA | John Reger |
| DISEÑO | Sherwin Schwartzrock |
| CLIENTE | Market Trust |
| MEDIOS INFORMÁTICOS | Macromedia FreeHand, Macintosh |

# MARKETTRUST

| | |
|---|---|
| ESTUDIO DE DISEÑO | D4 Creative Group |
| DIRECCIÓN ARTÍSTICA | Wicky W. Lee |
| DISEÑO | Wicky W. Lee |
| CLIENTE | Ajunto |
| MEDIOS INFORMÁTICOS | Adobe Illustrator, Quark XPress, Macintosh G4 |

| | |
|---|---|
| **ESTUDIO DE DISEÑO** | DogStar |
| **DIRECCIÓN ARTÍSTICA** | Clyde Goode/HSR Business to Business |
| **DISEÑO** | Rodney Davidson |
| **CLIENTE** | spotlightsolutions.com |
| **MEDIOS INFORMÁTICOS** | Macromedia FreeHand 7 |

| | |
|---|---|
| ESTUDIO DE DISEÑO | DogStar |
| DIRECCIÓN ARTÍSTICA | Mike Rapp/Gear |
| DISEÑO | Rodney Davidson |
| CLIENTE | Waterbrook Press (Serie estudios bíblicos del pescador) |
| MEDIOS INFORMÁTICOS | Macromedia FreeHand 7 |

| | |
|---|---|
| **ESTUDIO DE DISEÑO** | Drive Communications |
| **DIRECCIÓN ARTÍSTICA** | Michael Graziolo |
| **DISEÑO** | Michael Graziolo |
| **CLIENTE** | Vuepoint, Corp. |
| **MEDIOS INFORMÁTICOS** | Adobe Illustrator 8.0, Quark XPress 4.1, Macintosh |

DERRINSTOWN STUD
Maynooth, County Kildare, Ireland  Telephone +353 (0) 1 6286228  Facsimile +353 (0) 1 6286733  www.derrinstown.com
Hubie de Burgh GENERAL MANAGER  Stephen Collins MANAGER

| | |
|---|---|
| **ESTUDIO DE DISEÑO** | e-xentric (UK) Ltd |
| **DIRECCIÓN ARTÍSTICA** | Ian McAllister |
| **DISEÑO** | Mandi Smith |
| **CLIENTE** | Derrinstown Stud Farm |
| **MEDIOS INFORMÁTICOS** | Adobe Illustrator, Macromedia FreeHand, Quark XPress |

Jim Clardy

thinkfloors.com™

www.thinkfloors.com

639 Passaic Avenue Nutley, NJ 07110
P: 800.390.9713  F: 888.296.6726
jim@thinkfloors.com

| | |
|---|---|
| **ESTUDIO DE DISEÑO** | Fuel Creative |
| **DIRECCIÓN ARTÍSTICA** | Eric B. Whitlock |
| **DISEÑO** | Eric B. Whitlock |
| **CLIENTE** | Think Floors |
| **MEDIOS INFORMÁTICOS** | Adobe Illustrator |

# CASTILE VENTURES

| | |
|---|---|
| **ESTUDIO DE DISEÑO** | Gee + Chung Design |
| **DIRECCIÓN ARTÍSTICA** | Earl Gee |
| **DISEÑO** | Earl Gee |
| **CLIENTE** | Castile Ventures |
| **MEDIOS INFORMÁTICOS** | Adobe Illustrator, Quark XPress |

# PARTECH
## INTERNATIONAL

| | |
|---|---|
| **ESTUDIO DE DISEÑO** | Gee + Chung Design |
| **DIRECCIÓN ARTÍSTICA** | Earl Gee, Fani Chung |
| **DISEÑO** | Earl Gee, Fani Chung |
| **CLIENTE** | Partech International |
| **MEDIOS INFORMÁTICOS** | Adobe Illustrator, Quark XPress |

| | |
|---:|:---|
| **ESTUDIO DE DISEÑO** | Gee + Chung Design |
| **DIRECCIÓN ARTÍSTICA** | Earl Gee |
| **DISEÑO** | Earl Gee, Kay Wu |
| **CLIENTE** | Netigy Corporation |
| **MEDIOS INFORMÁTICOS** | Adobe Illustrator, Quark XPress |

Netigy <sup>SM</sup>

| | |
|---|---|
| **ESTUDIO DE DISEÑO** | Graphiculture |
| **DIRECCIÓN ARTÍSTICA** | Beth Mueller |
| **DISEÑO** | Beth Mueller |
| **CLIENTE** | Targert Corporation |
| **MEDIOS INFORMÁTICOS** | Quark XPress |

ESTUDIO DE DISEÑO | Gardner Design
DIRECCIÓN ARTÍSTICA | Bill Gardner
DISEÑO | Bill Gardner
CLIENTE | Buzz Cuts Maximum Lawncare
MEDIOS INFORMÁTICOS | Macromedia FreeHand

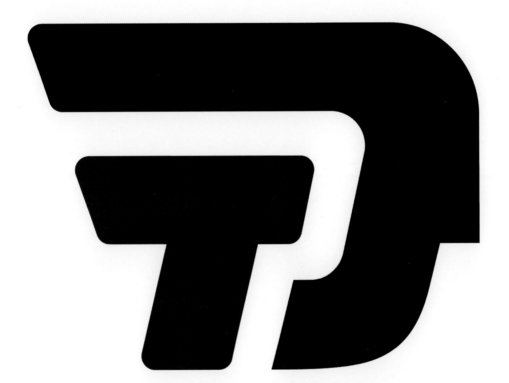

| | |
|---|---|
| ESTUDIO DE DISEÑO | Gardner Design |
| DIRECCIÓN ARTÍSTICA | Travis Brown |
| DISEÑO | Travis Brown |
| CLIENTE | Donovan Transit |
| MEDIOS INFORMÁTICOS | Macromedia FreeHand |

HITE
FANNING &
HONEYMAN L.L.P.
ATTORNEYS AT LAW

RICHARD C. HITE
RICHARD L. HONEYMAN
RANDY J. TROUTT
ARTHUR S. CHALMERS
KIM R. MARTENS
LINDA S. PARKS
F. JAMES ROBINSON, JR.
DON D. GRIBBLE, II
DENNIS V. LACEY
LISA A. MCPHERSON

JERRY D. HAWKINS
JON E. NEWMAN
SCOTT R. SCHILLINGS
RICHARD D. CROWDER

OF COUNSEL
H.W. FANNING
VINCE P. WHEELER

HITE
FANNING &
HONEYMAN L.L.P.
ATTORNEYS AT LAW

SUITE 600 ▪ 200 WEST DOUGLAS AVE.
WICHITA. KANSAS ▪ 67202 3089

HfH

HITE
FANNING &
HONEYMAN L.L.P.
ATTORNEYS AT LAW

A. KAY DAVIS
LEGAL ASSISTANT

SUITE 600
200 WEST DOUGLAS AVE.
WICHITA, KS ▪ 67202 3089
TELEPHONE ▪ 316 265 7741
FACSIMILE ▪ 316 267 7803
DAVIS@HITEFANNING.COM

SUITE 600 ▪ 200 WEST DOUGLAS AVE. ▪ WICHITA. KANSAS ▪ 67202 3089
TELEPHONE 316 265 7741 ▪ FACSIMILE 316 267 7803

| | |
|---|---|
| ESTUDIO DE DISEÑO | Hornall Anderson Design Works, Inc. |
| DIRECCIÓN ARTÍSTICA | Jack Anderson |
| DISEÑO | Kathy Saito, Gretchen Cook, James Tee, Julie Lock, Henry Yiu, Alan Copeland, Sonja Max |
| CLIENTE | Gettuit.com |
| MEDIOS INFORMÁTICOS | Macromedia FreeHand |

# gettuit.com™

| | |
|---|---|
| ESTUDIO DE DISEÑO | Gardner Design |
| DIRECCIÓN ARTÍSTICA | Bill Gardner |
| DISEÑO | Chris Parks |
| CLIENTE | Hite Fanning & Honeyman L.L.P. |
| MEDIOS INFORMÁTICOS | Macromedia FreeHand 8 |

| | |
|---|---|
| **ESTUDIO DE DISEÑO** | Hornall Anderson Design Works, Inc. |
| **DIRECCIÓN ARTÍSTICA** | Jack Anderson, Debra McCloskey |
| **DISEÑO** | Jack Anderson, Debra McCloskey, John Anderle, Andrew Wicklund |
| **CLIENTE** | Truck Bay |
| **MEDIOS INFORMÁTICOS** | Adobe Illustrator |

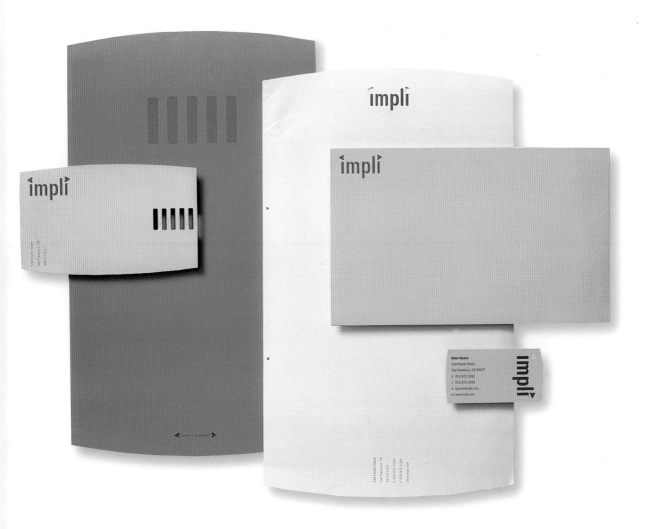

| | |
|---|---|
| ESTUDIO DE DISEÑO | Hornall Anderson Design Works, Inc. |
| DIRECCIÓN ARTÍSTICA | Jack Anderson |
| DISEÑO | Jack Anderson, Sonja Max, Kathy Saito, Alan Copeland |
| CLIENTE | Impli Corporation |
| MEDIOS INFORMÁTICOS | Macromedia FreeHand |

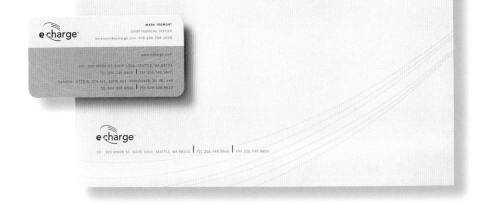

| | |
|---|---|
| ESTUDIO DE DISEÑO | Hornall Anderson Design Works, Inc. |
| DIRECCIÓN ARTÍSTICA | Jack Anderson |
| DISEÑO | Jack Anderson, Debra McCloskey, Kathy Saito, Holly Craven, Alan Copeland, Gretchen Cook, Henry Yiu |
| CLIENTE | echarge |
| MEDIOS INFORMÁTICOS | Macromedia FreeHand |

ESTUDIO DE DISEÑO | Hornall Anderson Design Works, Inc.
DIRECCIÓN ARTÍSTICA | Jack Anderson
DISEÑO | Jack Anderson, Katha Dalton, Gretchen Cook,
Alan Florsheim, Andrew Smith, Ed Lee
CLIENTE | epods
MEDIOS INFORMÁTICOS | Macromedia FreeHand, Adobe Illustrator

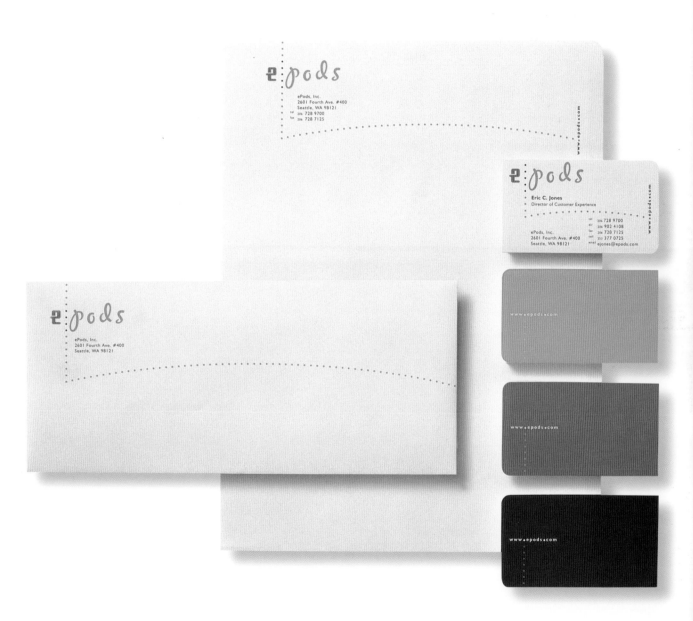

Robert P. Meinzer, Jr.
President/CEO

t:  604.638.7200
f:  604.638.7201
c:  604.657.8226

PO Box 10040, Pacific Centre
2950-700 West Georgia Street
Vancouver, B.C. V7Y 1A1  Canada

bmeinzer@javelin.ca

PO Box 10040, Pacific Centre
2950-700 West Georgia Street
Vancouver, B.C. V7Y 1A1  Canada

PO Box 10040, Pacific Centre
2950-700 West Georgia Street
Vancouver, B.C. V7Y 1A1  Canada

PO Box 10040, Pacific Centre
2950-700 West Georgia Street
Vancouver, B.C. V7Y 1A1  Canada

t:  604.638.7200
f:  604.638.7201

| | |
|---|---|
| ESTUDIO DE DISEÑO | Hornall Anderson Design Works, Inc. |
| DIRECCIÓN ARTÍSTICA | Jack Anderson |
| DISEÑO | Jack Anderson, Bruce Stigler, James Tee, Henry Yiu |
| CLIENTE | Javelin |
| MEDIOS INFORMÁTICOS | Macromedia FreeHand |

| | |
|---|---|
| ESTUDIO DE DISEÑO | Insight Design Communications |
| DIRECCIÓN ARTÍSTICA | Sherrie & Tracy Holdeman |
| DISEÑO | Sherrie & Tracy Holdeman |
| CLIENTE | ironweed strategy |
| MEDIOS INFORMÁTICOS | Macromedia FreeHand 9.0.1 |

| | |
|---|---|
| **ESTUDIO DE DISEÑO** | Insight Design Communications |
| **DIRECCIÓN ARTÍSTICA** | Sherrie & Tracy Holdeman |
| **DISEÑO** | Sherrie & Tracy Holdeman |
| **CLIENTE** | CallSmart |
| **MEDIOS INFORMÁTICOS** | Macromedia FreeHand 9.0.1 |

| | |
|---|---|
| **ESTUDIO DE DISEÑO** | Insight Design Communications |
| **DIRECCIÓN ARTÍSTICA** | Sherrie & Tracy Holdeman |
| **DISEÑO** | Sherrie & Tracy Holdeman |
| **CLIENTE** | Face to Face |
| **MEDIOS INFORMÁTICOS** | Hand Drawn, Macromedia FreeHand 9.0.1 |

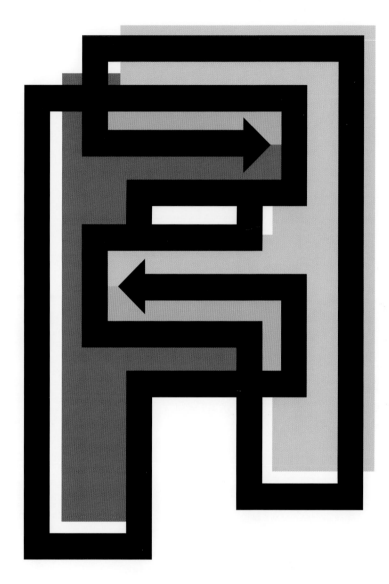

ESTUDIO DE DISEÑO | I. Paris Design
DIRECCIÓN ARTÍSTICA | Isaac Paris
DISEÑO | Isaac Paris
CLIENTE | TOKYO Wireless
MEDIOS INFORMÁTICOS | Adobe Illustrator 8

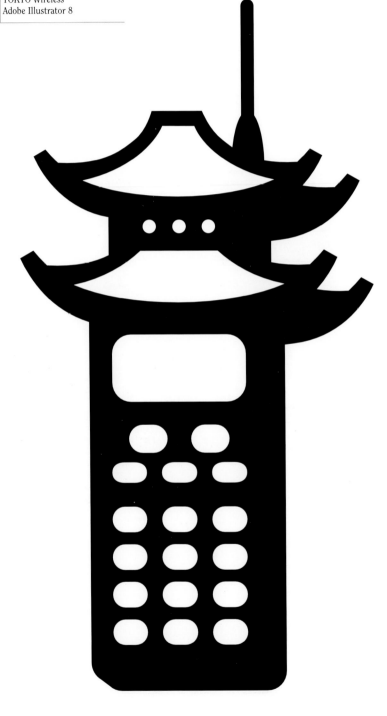

| | |
|---|---|
| ESTUDIO DE DISEÑO | I. Paris Design |
| DIRECCIÓN ARTÍSTICA | Isaac Paris |
| DISEÑO | Isaac Paris |
| CLIENTE | I. Paris Design |
| MEDIOS INFORMÁTICOS | Adobe Illustrator 8 |

**49**
DISEÑO DE
LOGOTIPOS 2

ESTUDIO DE DISEÑO | Jay Smith Design
DIRECCIÓN ARTÍSTICA | Jay Smith
DISEÑO | Jay Smith
CLIENTE | 3 Guys and a Mower
MEDIOS INFORMÁTICOS | Adobe Illustrator, Macintosh

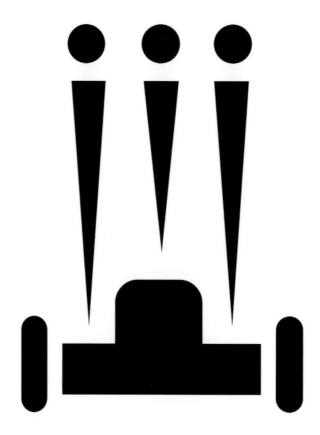

Suite 220 13155 Delf Place  Richmond BC  Canada V6V 2A2  tel 604.270.4300  fax 604.270.4304  www.cellexpower.com

CELLEXPOWER™

CELLEXPOWER™

**Rasvan Mihai** Ph.D.
Senior Electrical Engineer

CELLEXPOWER™   Cellex Power Products Inc.
Suite 220  13155 Delf Place
Richmond BC  Canada V6V 2A2
www.cellexpower.com

dir 604.248.3550  tel 604.270.4300
cell 604.318.7314  fax 604.270.4304
email rmihai@cellexpower.com

the new power

| | |
|---|---|
| ESTUDIO DE DISEÑO | Karacters Design Group |
| DIRECCIÓN ARTÍSTICA | Roy White |
| DISEÑO | Nancy Wu |
| CLIENTE | Cellex Power |
| MEDIOS INFORMÁTICOS | Adobe Illustrator |

# BROWN SHOE

| | |
|---|---|
| ESTUDIO DE DISEÑO | Kiku Obata & Company |
| DISEÑO | Scott Gericke, Amy Knopf, Joe Floresca, Jennifer Baldwin |
| CLIENTE | Brown Shoe Company |
| MEDIOS INFORMÁTICOS | Macromedia FreeHand, Macintosh |

| | |
|---|---|
| **ESTUDIO DE DISEÑO** | Likovni Studio D.O.O. |
| **DIRECCIÓN ARTÍSTICA** | Tomislav Mrcic |
| **DISEÑO** | Danko Jaksic |
| **CLIENTE** | Gallus Wines |
| **MEDIOS INFORMÁTICOS** | Macromedia FreeHand, Macintosh |

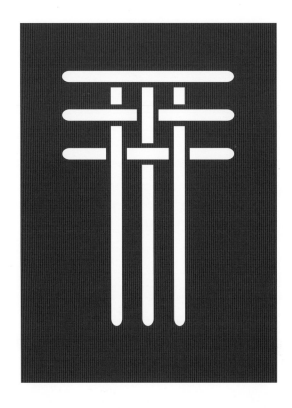

# TEXERE

| | |
|---:|:---|
| ESTUDIO DE DISEÑO | Mastandrea Design, Inc. |
| DISEÑO | Maryanne Mastandrea |
| CLIENTE | Texere |
| MEDIOS INFORMÁTICOS | Adobe Illustrator, Macintosh |

| | |
|---|---|
| ESTUDIO DE DISEÑO | Energy Energy Design |
| DIRECCIÓN ARTÍSTICA | Leslie Guidice |
| DISEÑO | Jeanette Aramburu |
| CLIENTE | Mucho.com |
| MEDIOS INFORMÁTICOS | Adobe Illustrator, Macintosh |

| | |
|---|---|
| **ESTUDIO DE DISEÑO** | Energy Energy Design |
| **DIRECCIÓN ARTÍSTICA** | Leslie Guidice |
| **DIRECCIÓN DE DISEÑO** | Stacy Guidice, Jeanette Aramburu |
| **CLIENTE** | StaffBridge |
| **MEDIOS INFORMÁTICOS** | Adobe Illustrator, Macintosh |

Smart People.

Good Business.

StaffBridge

Smart People. Good Business.

| | |
|---|---|
| ESTUDIO DE DISEÑO | R2 Design/Ramalho & Rebelo, Lda. |
| DIRECCIÓN ARTÍSTICA | Liza Ramalho, Artur Rebelo |
| DISEÑO | Liza Ramalho, Artur Rebelo |
| CLIENTE | West Coast |
| MEDIOS INFORMÁTICOS | Macromedia FreeHand |

HISTORIC DEVELOPMENT
LEASING CORPORATION

HISTORIC DEVELOPMENT
LEASING CORPORATION

1100 LINCOLN AVENUE
DUBUQUE, IA 52001·2138

HISTORIC DEVELOPMENT
LEASING CORPORATION

1100 LINCOLN AVENUE · DUBUQUE, IA 52001·2138
319 588 3449 · hdlc@dubuque.net

| | |
|---|---|
| ESTUDIO DE DISEÑO | Refinery Design Company |
| DIRECCIÓN ARTÍSTICA | Michael Schmalz |
| DISEÑO | Michael Schmalz |
| CLIENTE | Historical Development Leasing Corporation |
| MEDIOS INFORMÁTICOS | Macromedia FreeHand, Macintosh |

# i-connect

| | |
|---|---|
| ESTUDIO DE DISEÑO | The Riordon Design Group |
| DIRECCIÓN ARTÍSTICA | Ric Riordon, Dan Wheaton |
| DISEÑO | Alan Krpan |
| CLIENTE | Ford Motor Company/Canadá |
| MEDIOS INFORMÁTICOS | Adobe Illustrator |

| | |
|---:|:---|
| ESTUDIO DE DISEÑO | Sayles Graphic Design |
| DIRECCIÓN ARTÍSTICA | John Sayles |
| DISEÑO | John Sayles |
| CLIENTE | Car Hop |
| MEDIOS INFORMÁTICOS | Adobe Illustrator, Macintosh |

| | |
|---|---|
| ESTUDIO DE DISEÑO | Sayles Graphic Design |
| DIRECCIÓN ARTÍSTICA | John Sayles |
| DISEÑO | John Sayles |
| CLIENTE | McArthur Company |
| MEDIOS INFORMÁTICOS | Adobe Illustrator, Macintosh |

| | |
|---|---|
| ESTUDIO DE DISEÑO | Sayles Graphic Design |
| DIRECCIÓN ARTÍSTICA | John Sayles |
| DISEÑO | John Sayles |
| CLIENTE | Kelling Management Group |
| MEDIOS INFORMÁTICOS | Adobe Illustrator, Macintosh |

| | |
|---:|:---|
| **ESTUDIO DE DISEÑO** | WorldSTAR Design & Communications |
| **DIRECCIÓN ARTÍSTICA** | Greg Guhl |
| **DISEÑO** | Greg Guhl |
| **CLIENTE** | Acorn Landscaping Services |
| **MEDIOS INFORMÁTICOS** | Adobe Illustrator, Macintosh |

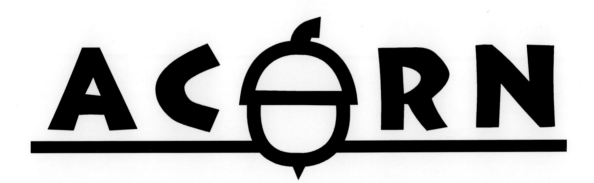

# FIRMAS CREATIVAS

| | |
|---|---|
| **ESTUDIO DE DISEÑO** | A1 Design |
| **DISEÑO** | Amy Gregg |
| **CLIENTE** | A1 Design |
| **MEDIOS INFORMÁTICOS** | Adobe Illustrator, Macintosh |

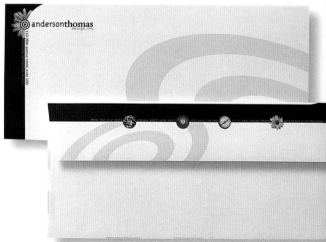

| | |
|---|---|
| ESTUDIO DE DISEÑO | Anderson Thomas Design |
| DIRECCIÓN ARTÍSTICA | Joel Anderson, Roy Roper |
| DISEÑO | Roy Roper |
| CLIENTE | Anderson Thomas Design |
| MEDIOS INFORMÁTICOS | Quark XPress, Adobe Illustrator, Adobe Photoshop |

LINES

TERRY ALAN ROHRBACH

**BASE ART CO**

112 OAKLAND PARK AVENUE
COLUMBUS, OH 43214-4120
TEL 614 268 3061  FAX 614 268 3062
BASE@EE.NET

WWW.BASEARTCO.COM

B
A
S
E

PLANES

TERRY ALAN ROHRBACH

**BASE ART CO**

112 OAKLAND PARK AVENUE
COLUMBUS, OH 43214-4120
TEL 614 268 3061  FAX 614 268 3062
BASE@EE.NET

WWW.BASEARTCO.COM

POINTS

TERRY ALAN ROHRBACH

**BASE ART CO**

112 OAKLAND PARK AVENUE
COLUMBUS, OH 43214-4120
TEL 614 268 3061  FAX 614 268 3062
BASE@EE.NET

WWW.BASEARTCO.COM

ART

BASE ART CO.  112 OAKLAND PARK AVENUE, COLUMBUS, OH 43214-4120  TEL 614 268 3061  FAX 614 268 3062  BASE@EE.NET

| | |
|---|---|
| **ESTUDIO DE DISEÑO** | Base Art Co. |
| **DIRECCIÓN ARTÍSTICA** | Terry Alan Rohrbach |
| **DISEÑO** | Terry Alan Rohrbach |
| **CLIENTE** | Base Art Co. |
| **MEDIOS INFORMÁTICOS** | Quark XPress, Macintosh |

ESTUDIO DE DISEÑO | Buchanan Design
DIRECCIÓN ARTÍSTICA | Bobby Buchanan
DISEÑO | Armando Abundis, Bobby Buchanan
CLIENTE | Buchanan Design
MEDIOS INFORMÁTICOS | Adobe Illustrator, Macintosh

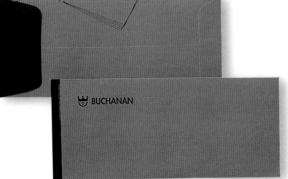

ESTUDIO DE DISEÑO | Bullet Communications, Inc.
DIRECCIÓN ARTÍSTICA | Timothy Scott Kump
DISEÑO | Timothy Scott Kump
CLIENTE | Bullet Communications, Inc.
MEDIOS INFORMÁTICOS | Adobe Illustrator, Macintosh

**IMOTHY SCOTT KUMP**
NCIPAL / CREATIVE DIRECTOR

**ET COMMUNICATIONS, INC.®**
DLAND AVE  JOLIET, ILLINOIS 60436
5 741 2804  FAX: 815 741 2805
ww.BulletCommunications.com
: 007@BulletCommunications.com

**BULLET COMMUNICATIO**
200 S. MIDLAND AVE   JOLIET, ILL

www.BulletCommunications

**BULLET COMMUNICATIONS, INC.®**
200 S. MIDLAND AVE   JOLIET, ILLINOIS 60436   TEL: 815 741 2804   FAX: 815 741 2805
www.BulletCommunications.com   E-mail: 007@BulletCommunications.com

*Bullet Communications, Inc., and its logo are registered service marks of Bullet Communications, Inc.*

| | |
|---|---|
| ESTUDIO DE DISEÑO | Becker Design |
| DISEÑO | Neil Becker |
| CLIENTE | Charlton Photos, Inc. |
| MEDIOS INFORMÁTICOS | Adobe Illustrator, Macintosh |

Stock Photographs
Assignment Photography
Stock Video
Video Production

Jim Charlton II

Stock Photog
Assignment P
Stock Video
Video Produc

11518 North Port Washin
Mequon, Wisconsin 5300
Ph: 414 241-8634 Fx: 41
email: charlton@execpc
www.charltonphotos.com

Charlton Photos Inc

Charlton Photos Inc 11518 North P

11518 North Port Washington Road  Mequon, Wisconsin  53092

11518 North Port Washington Road  Mequon, Wisconsin  53092  Ph: 414 241-8634  Fx: 414 241-4612
email: charlton@execpc.com  www.charltonphotos.com

© Collider

133 West 19th Street   Fifth Floor   New York, New York 10011

Collider inc.
133 West 19th Street   Fifth Floor   New York, New York 10011   TEL 646 336 9398   FAX 646 349 4159   SITE www.collidernyc.com

Mike Graziolo
THE OTHER GUY IN CHARGE

Collider inc.
133 West 19th Street, Fifth Floor
New York, New York 10011
TEL 646 336 9398 FAX 646 349 4159
EMAIL mike@collidernyc.com

MOTION GRAPHICS FOR THE MASSES

| | |
|---|---|
| **ESTUDIO DE DISEÑO** | Collider |
| **DIRECCIÓN ARTÍSTICA** | Michael Graziolo, Jeff Kryvicky |
| **DISEÑO** | Michael Graziolo, Jeff Kryvicky |
| **CLIENTE** | Collider |
| **MEDIOS INFORMÁTICOS** | Adobe Illustrator 8.0, Macintosh |

| | |
|---:|:---|
| **ESTUDIO DE DISEÑO** | DGWB |
| **DIRECCIÓN ARTÍSTICA** | Jonathan Brown |
| **DISEÑO** | Conan Wang |
| **CLIENTE** | DGWB |
| **MEDIOS INFORMÁTICOS** | Adobe Illustrator 8.0.1 |

| | |
|---:|:---|
| **ESTUDIO DE DISEÑO** | DogStar |
| **DISEÑO** | Rodney Davidson |
| **CLIENTE** | Cathy Fishel, Copywriter (redactora) |
| **MEDIOS INFORMÁTICOS** | Macromedia FreeHand 7 |

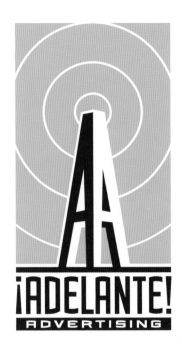

| | |
|---|---|
| **ESTUDIO DE DISEÑO** | DGWB |
| **DIRECCIÓN ARTÍSTICA** | Jonathan Brown |
| **DISEÑO** | Conan Wang |
| **CLIENTE** | Adelante |
| **MEDIOS INFORMÁTICOS** | Adobe Illustrator 8.0.1 |

**ESTUDIO DE DISEÑO** | Dynamo Design
**DISEÑO** | Alan Bennis
**CLIENTE** | Design Partners
**MEDIOS INFORMÁTICOS** | Adobe Illustrator, Adobe Photoshop, Quark XPress

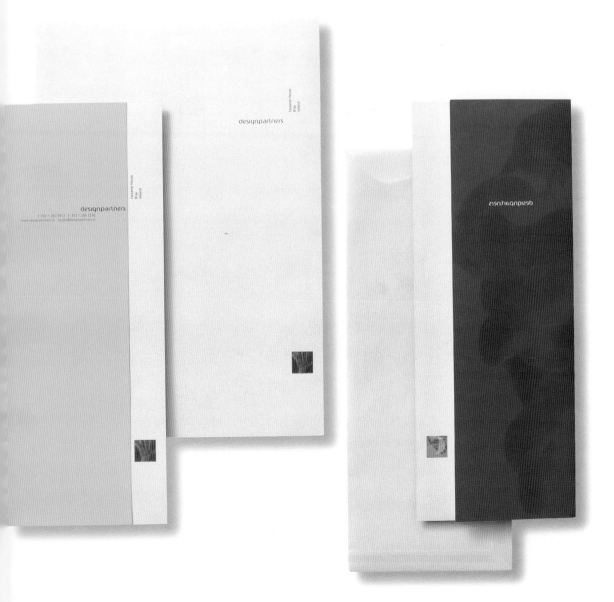

| ESTUDIO DE DISEÑO | D Zone Studio |
|---|---|
| DIRECCIÓN ARTÍSTICA | Joe Yule |
| DISEÑO | Joe Yule |
| CLIENTE | D Zone Studio |
| MEDIOS INFORMÁTICOS | Adobe Illustrator, Macintosh |

| ESTUDIO DE DISEÑO | Graphiculture |
|---|---|
| DIRECCIÓN ARTÍSTICA | Cheryl Watson |
| DISEÑO | Lindsay Little, Beth Mueller |
| CLIENTE | Graphiculture |
| MEDIOS INFORMÁTICOS | Quark XPress, Macromedia FreeHand |

| | |
|---|---|
| **ESTUDIO DE DISEÑO** | Gardner Design |
| **DIRECCIÓN ARTÍSTICA** | Brian Miller |
| **DISEÑO** | Brian Miller |
| **CLIENTE** | John Crowe Photography |
| **MEDIOS INFORMÁTICOS** | Macromedia FreeHand |

| | |
|---|---|
| **ESTUDIO DE DISEÑO** | Gardner Design |
| **DIRECCIÓN ARTÍSTICA** | Bill Gardner, Brian Miller |
| **DISEÑO** | Brian Miller |
| **CLIENTE** | Paul Chauncey Photography |
| **MEDIOS INFORMÁTICOS** | Macromedia FreeHand |

Turtle Airways LTD

*Private Mail Bag*
*NAP 0355*
*Nadi International*
*Aieport, Fiji*

Turtle Airways LTD

*Private Mail Bag*
*NAP 0355*
*Nadi International*
*Airport, Fiji*

Turtle Airways LTD

*Private Mail Bag*
*NAP 0355*
*Nadi International*
*Airport, Fiji*

*Tel: (679) 721 888*
*Fax: (679) 720 095*
*e-mail: southseaturtle@is.com.fj*

*Tel: (679) 721 888*
*Fax: (679) 720 095*
*e-mail: southseaturtle@is.com.fj*

| | |
|---|---|
| **ESTUDIO DE DISEÑO** | KAISERDICKEN |
| **DIRECCIÓN ARTÍSTICA** | Craig Dicken |
| **DISEÑO** | Craig Dicken, Debra Kaiser, Anthony Sini |
| **CLIENTE** | Turtle Airways |
| **MEDIOS INFORMÁTICOS** | Quark XPress, Adobe Illustrator, Adobe Photoshop, Macintosh |

| | |
|---:|:---|
| ESTUDIO DE DISEÑO | Jeff Fisher LogoMotives |
| DIRECCIÓN ARTÍSTICA | Jeff Fisher |
| DISEÑO | Jeff Fisher, Brett Bigham |
| CLIENTE | Black Dog Furniture Design |
| MEDIOS INFORMÁTICOS | Macromedia FreeHand, Macintosh |

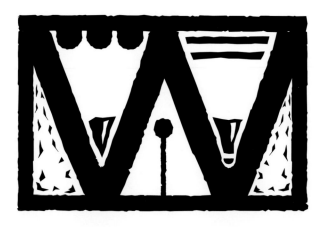

# KIMBERLY WATERS

| | |
|---:|:---|
| **ESTUDIO DE DISEÑO** | Jeff Fisher LogoMotives |
| **DIRECCIÓN ARTÍSTICA** | Jeff Fisher |
| **DISEÑO** | Jeff Fisher |
| **CLIENTE** | Kimberly Waters |
| **MEDIOS INFORMÁTICOS** | Macromedia FreeHand, Macintosh |

| | |
|---:|:---|
| **ESTUDIO DE DISEÑO** | Nassar Design |
| **DIRECCIÓN ARTÍSTICA** | Nelida Nassar |
| **DISEÑO** | Margarita Encorienda |
| **CLIENTE** | Nassar Design |
| **MEDIOS INFORMÁTICOS** | Adobe Illustrator, Quark XPress, Adobe Photoshop |

doug baldwin
· writing services ·

I do everything write.

I do everything write.

scripts

multimedia

brochures

advertising

503·452·9411

2002 sw dolph court
portland, oregon 97219
fax me
503·244·3756
e-mail
dbaldwin@teleport.com

doug baldwin
· writing services ·

scripts

multimedia

brochures

advertising

2002 sw dolph court
portland, oregon 97219

doug baldwin
· writing services ·

scripts · multimedia
brochures · advertising

I do everything write.

503·452·9411

2002 sw dolph court
portland, oregon 97219
fax me
503·244·3756
e-mail
dbaldwin@teleport.com

| | |
|---|---|
| **ESTUDIO DE DISEÑO** | Oakley Design Studios |
| **DIRECCIÓN ARTÍSTICA** | Tim Oakley |
| **DISEÑO** | Tim Oakley |
| **CLIENTE** | Doug Baldwin, Copywriter (redactor) |
| **MEDIOS INFORMÁTICOS** | Adobe Illustrator 7.0 |

| | |
|---|---|
| **ESTUDIO DE DISEÑO** | Punkt |
| **DIRECCIÓN ARTÍSTICA** | Giles Dunn |
| **DISEÑO** | Giles Dunn |
| **CLIENTE** | Big Fish Design Consultants |
| **MEDIOS INFORMÁTICOS** | Macromedia FreeHand |

**Design Consultants**
10 Chelsea Wharf  15 Lots Road  London  SW10 0QJ  T 020 7795 0075  studio@bigfish.co.uk  www.bigfish.co.uk

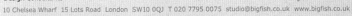

**Design Consultants**
10 Chelsea Wharf  15 Lots Road

**Perry Haydn Taylor**
10 Chelsea Wharf  15 Lots Road  London  SW10 0QJ
T 020 7795 0075  F 020 7349 0539
perry@bigfish.co.uk  www.bigfish.co.uk

**Design Consultants**
10 Chelsea Wharf  15 Lots Road  London  SW10 0QJ  T 020 7795 0075  F 020 7349 0539  studio@bigfish.co.uk  www.bigfish.co.uk
Big Fish Design Limited  Registered no. 2972579  Registered office as above

| ESTUDIO DE DISEÑO | PXL8R Visual Communications |
| --- | --- |
| FOTOGRAFÍA | Craig Molenhouse |
| DISEÑO | Craig Molenhouse |
| CLIENTE | PXL8R Visual Communications |
| MEDIOS INFORMÁTICOS | Adobe Photoshop, Adobe Illustrator, Quark XPress, Macintosh |

| | |
|---|---|
| **ESTUDIO DE DISEÑO** | Refinery Design Company |
| **DIRECCIÓN ARTÍSTICA** | Michael Schmalz |
| **DISEÑO** | Daniel Schmalz, Julie Schmalz |
| **CLIENTE** | Refinery Design Company |
| **MEDIOS INFORMÁTICOS** | Macromedia FreeHand, Macintosh |

LUNCH +V

| | |
|---|---|
| ESTUDIO DE DISEÑO | Stoltze Design |
| DIRECCIÓN ARTÍSTICA | Clifford Stoltze |
| DISEÑO | Tammy Dotson, Clifford Stoltze |
| CLIENTE | Lunch TV |
| MEDIOS INFORMÁTICOS | Adobe Illustrator, Macintosh |

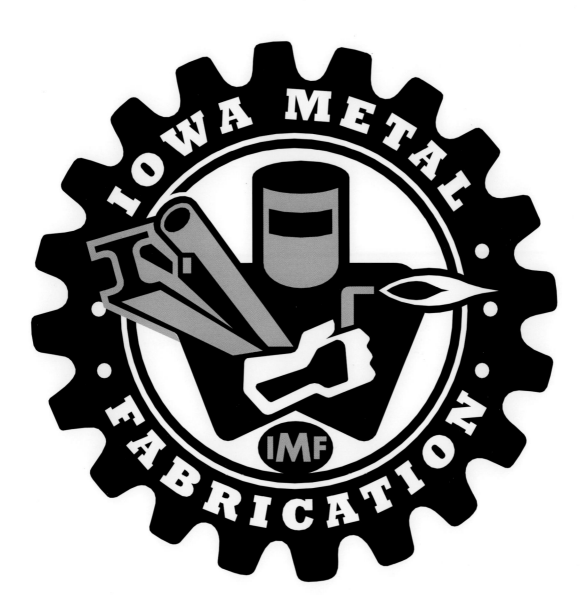

IOWA METAL FABRICATION

IMF

ESTUDIO DE DISEÑO | Sayles Graphic Design
DIRECCIÓN ARTÍSTICA | John Sayles
DISEÑO | John Sayles
CLIENTE | Iowa Metal Fabrication
MEDIOS INFORMÁTICOS | Adobe Illustrator, Macintosh

# TIENDAS, RESTAURANTES Y HOTELES

ESTUDIO DE DISEÑO | art+corporate culture
DISEÑO | Mag. Lothar Amilian Heinzle
CLIENTE | Markus Maier
MEDIOS INFORMÁTICOS | Macromedia FreeHand, Quark XPress

| | |
|---|---|
| **ESTUDIO DE DISEÑO** | ARTiculation Group & Benchmark Porter Novelli |
| **DIRECCIÓN ARTÍSTICA** | Joseph Chan |
| **DISEÑO** | Joseph Chan |
| **CLIENTE** | The Shopping Channel |
| **MEDIOS INFORMÁTICOS** | Adobe Illustrator |

| | |
|---|---|
| **ESTUDIO DE DISEÑO** | Becker Design |
| **DISEÑO** | Neil Becker |
| **CLIENTE** | A Food Affair |
| **MEDIOS INFORMÁTICOS** | Adobe Illustrator, Macintosh |

A FOOD
AFFAIR
CATERING
VAIL, CO

PERSONALIZED
CATERING
*for*
EVERY AFFAIR

P.O. BOX 3844
VAIL, COLORADO 81658
PHONE 970 477-1073

WECATER@MOUNTAINMAX.NET

BRENTS W. OLMSTED
FOOD OPERATION / CHEF

P.O. BOX 3844
VAIL, COLORADO 81658
PHONE 970 477-1073

WECATER@MOUNTAINMAX.NET

PERSONALIZED
CATERING
*for*
EVERY AFFAIR

PRIVATE PARTIES • BUFFETS • LUNCHEONS
COCKTAIL PARTIES • BOXED LUNCHES
SPECIAL EVENTS AND MORE

P.O. BOX 3844
VAIL, COLORADO 81658

| ESTUDIO DE DISEÑO | Bailey/Franklin |
|---|---|
| DIRECCIÓN ARTÍSTICA | Dan Franklin |
| DISEÑO | Alex Epp |
| CLIENTE | Boyd Coffee Company |
| MEDIOS INFORMÁTICOS | Macromedia FreeHand |

| | |
|---|---|
| **ESTUDIO DE DISEÑO** | Bruce Yelaska Design |
| **DIRECCIÓN ARTÍSTICA** | Bruce Yelaska |
| **DISEÑO** | Bruce Yelaska |
| **CLIENTE** | Hunan Garden |
| **MEDIOS INFORMÁTICOS** | Adobe Illustrator, Macintosh |

3345 El Camino Real | Palo Alto, CA 94306 | Tel: 650.565.8868 | Fax: 650.565.8818

RESTAURANT | PATIO | BAR

Simon Yuan

3345 El Camino Real
Palo Alto, CA 94306

Tel | 650.565.8868
Fax | 650.565.8818

3345 El Camino Real | Palo Alto, CA 94306

| | |
|---|---|
| **ESTUDIO DE DISEÑO** | cincodemayo |
| **DIRECCIÓN ARTÍSTICA** | Mauricio Alanis |
| **DISEÑO** | Mauricio Alanis |
| **CLIENTE** | Phone City |
| **MEDIOS INFORMÁTICOS** | Macromedia FreeHand, Macintosh |

| | |
|---|---|
| **ESTUDIO DE DISEÑO** | cincodemayo |
| **DIRECCIÓN ARTÍSTICA** | Mauricio Alanis |
| **DISEÑO** | Mauricio Alanis |
| **CLIENTE** | 2fiesta.com |
| **MEDIOS INFORMÁTICOS** | Macromedia FreeHand, Macintosh |

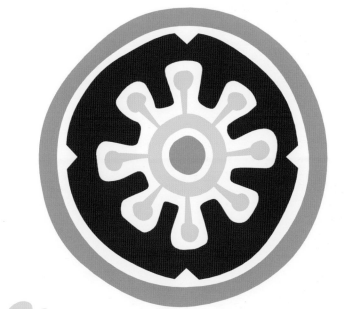

| | |
|---|---|
| **ESTUDIO DE DISEÑO** | cincodemayo |
| **DIRECCIÓN ARTÍSTICA** | Mauricio Alanis |
| **DISEÑO** | Mauricio Alanis |
| **CLIENTE** | Kamikaze |
| **MEDIOS INFORMÁTICOS** | Macromedia FreeHand, Macintosh |

**ESTUDIO DE DISEÑO** | Cato Partners
**DISEÑO** | Cato Partners
**CLIENTE** | Poppy Industries Pty. Ltd.
**MEDIOS INFORMÁTICOS** | Adobe Illustrator 6, Macintosh

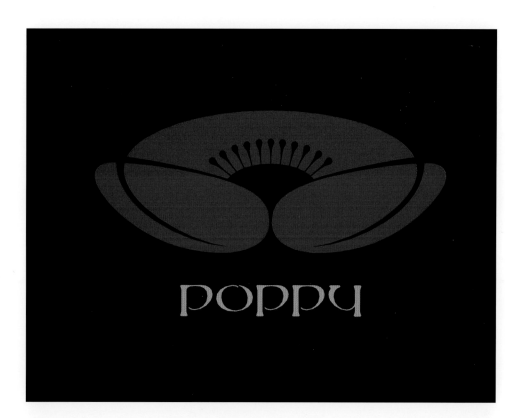

SIMPLE to GRAND

ESTUDIO DE DISEÑO | Design Center
DIRECCIÓN ARTÍSTICA | John Reger
DISEÑO | Sherwin Schwartzrock
CLIENTE | Simple to Grand
MEDIOS INFORMÁTICOS | Macromedia FreeHand, Macintosh

# PHOTO MAN

| | |
|---|---|
| ESTUDIO DE DISEÑO | Design Center |
| DIRECCIÓN ARTÍSTICA | John Reger |
| DISEÑO | Cory Docken |
| CLIENTE | Photoman |
| MEDIOS INFORMÁTICOS | Macromedia FreeHand, Macintosh |

| | |
|---|---|
| ESTUDIO DE DISEÑO | DogStar |
| DIRECCIÓN ARTÍSTICA | Lynn Smith/Perry, Harper & Perry Advertising |
| DISEÑO | Rodney Davidson |
| CLIENTE | San Roc Cay Resort (Centro vacacional San Roc Cay) |
| MEDIOS INFORMÁTICOS | Macromedia FreeHand 7 |

| | |
|---|---|
| **ESTUDIO DE DISEÑO** | Di Luzio D.G. & Comunicación |
| **DISEÑO** | Hector Di Luzio |
| **CLIENTE** | Acron S.A. |
| **MEDIOS INFORMÁTICOS** | Adobe Illustrator, Macintosh |

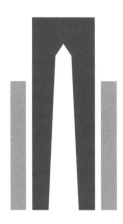

# Grand Boulevard Hotel

## BUENOS AIRES

| | |
|---|---|
| **ESTUDIO DE DISEÑO** | Di Luzio D.G. & Comunicación |
| **DISEÑO** | Hector Di Luzio |
| **CLIENTE** | Transcontinental Hotel S.A. |
| **MEDIOS INFORMÁTICOS** | Adobe Illustrator, Macintosh |

| | |
|---|---|
| **ESTUDIO DE DISEÑO** | Gardner Design |
| **DIRECCIÓN ARTÍSTICA** | Bill Gardner |
| **DISEÑO** | Bill Gardner |
| **CLIENTE** | Plazago |
| **MEDIOS INFORMÁTICOS** | Macromedia FreeHand |

| | |
|---|---|
| ESTUDIO DE DISEÑO | Gardner Design |
| DIRECCIÓN ARTÍSTICA | Chris Parks |
| DISEÑO | Chris Parks |
| CLIENTE | Big Fish |
| MEDIOS INFORMÁTICOS | Macromedia FreeHand |

ESTUDIO DE DISEÑO | Gardner Design
DIRECCIÓN ARTÍSTICA | Travis Brown, Bill Gardner
DISEÑO | Travis Brown
CLIENTE | Iron Easel
MEDIOS INFORMÁTICOS | Macromedia FreeHand

*Slow Cooked • Easy To Prepare*      *Marinated • Great Tasting*

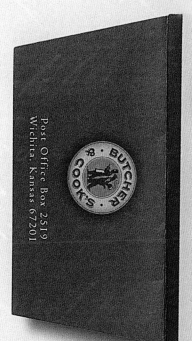

Post Office Box 2519
Wichita, Kansas 67201

PO Box 2519 Wichita, KS 67201 • e-mail: butchercooks@

| | |
|---|---|
| ESTUDIO DE DISEÑO | Hornall Anderson Design Works, Inc. |
| DIRECCIÓN ARTÍSTICA | Larry Anderson, Jack Anderson |
| DISEÑO | Jack Anderson, Larry Anderson, Bruce Stigler, Bruce Branson-Meyer, Mary Chin Hutchison, Michael Brugman, Ed Lee, Kaye Farmer |
| CLIENTE | Widmer Brothers |
| MEDIOS INFORMÁTICOS | Macromedia FreeHand |

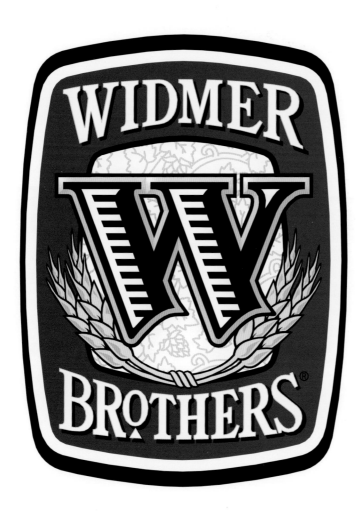

| | |
|---|---|
| ESTUDIO DE DISEÑO | Gardner Design |
| DIRECCIÓN ARTÍSTICA | Brian Miller, Bill Gardner |
| DISEÑO | Brian Miller |
| CLIENTE | Butcher & Cooks |
| MEDIOS INFORMÁTICOS | Macromedia FreeHand, Adobe Photoshop |

# COUGAR MOUNTAIN
## GOURMET COOKIES

| | |
|---|---|
| **ESTUDIO DE DISEÑO** | Hornall Anderson Design Works, Inc. |
| **DIRECCIÓN ARTÍSTICA** | Jack Anderson, Debra McCloskey |
| **DISEÑO** | Jack Anderson, Debra McCloskey, Lisa Cerveny, |
| | Mary Chin Hutchison, Gretchen Cook, |
| | Holly Craven, Dorothee Soechting |
| **CLIENTE** | Cougar Mountain Cookies |
| **MEDIOS INFORMÁTICOS** | Macromedia FreeHand |

| ESTUDIO DE DISEÑO | Hornall Anderson Design Works, Inc. |
| DIRECCIÓN ARTÍSTICA | Jack Anderson |
| DISEÑO | Jack Anderson, Kathy Saito, |
| | Mary Chin Hutchison, Alan Copeland |
| CLIENTE | Big Island Candies |
| MEDIOS INFORMÁTICOS | Macromedia FreeHand |

| ESTUDIO DE DISEÑO | Hornall Anderson Design Works, Inc. |
| DIRECCIÓN ARTÍSTICA | Lisa Cerveny |
| DISEÑO | Lisa Cerveny, Michael Brugman, Rick Miller, Belinda Bowling, Mary Hermes |
| CLIENTE | Hardware.com |
| MEDIOS INFORMÁTICOS | Adobe Illustrator |

| | |
|---|---|
| ESTUDIO DE DISEÑO | Halleck |
| DIRECCIÓN ARTÍSTICA | Daniel Tang, Wayne Wright |
| DISEÑO | Daniel Tang, Wayne Wright |
| CLIENTE | Glen Ellen Carneros Winery |
| MEDIOS INFORMÁTICOS | Adobe Photoshop, Macintosh |

STORE
8340 E. 21ST ST. N.
WICHITA, KS 67226

OFFICE
247 NORTH MARKET
WICHITA, KS 67202

STORE
8340 E. 21ST ST. N.
WICHITA, KS 67226
TEL (316) 691-5600

OFFICE
247 NORTH MARKET
WICHITA, KS 67202
TEL (316) 264-7929
FAX (316) 264-4105

| | |
|---|---|
| ESTUDIO DE DISEÑO | Insight Design Communications |
| DIRECCIÓN ARTÍSTICA | Sherrie & Tracy Holdeman |
| DISEÑO | Sherrie & Tracy Holdeman |
| CLIENTE | Richard Lynn's Shoe Market |
| MEDIOS INFORMÁTICOS | Macromedia FreeHand 9.0.1 |

| | |
|---|---|
| **ESTUDIO DE DISEÑO** | Insight Design Communications |
| **DIRECCIÓN ARTÍSTICA** | Sherrie & Tracy Holdeman |
| **DISEÑO** | Sherrie & Tracy Holdeman |
| **CLIENTE** | Dino's Italian Grille |
| **MEDIOS INFORMÁTICOS** | Hand Drawn, Macromedia FreeHand 9.0.1 |

| | |
|---:|:---|
| **ESTUDIO DE DISEÑO** | Insight Design Communications |
| **DIRECCIÓN ARTÍSTICA** | Sherrie & Tracy Holdeman |
| **DISEÑO** | Sherrie & Tracy Holdeman |
| **CLIENTE** | Perfect Pitch Sound Systems |
| **MEDIOS INFORMÁTICOS** | Hand Drawn, Macromedia FreeHand 9.0.1 |

| | |
|---|---|
| **ESTUDIO DE DISEÑO** | Insight Design Communications |
| **DIRECCIÓN ARTÍSTICA** | Sherrie & Tracy Holdeman |
| **DISEÑO** | Sherrie & Tracy Holdeman |
| **CLIENTE** | Le Petit Chef |
| **MEDIOS INFORMÁTICOS** | Hand Drawn, Macromedia FreeHand 9.0.1 |

| | |
|---|---|
| **ESTUDIO DE DISEÑO** | Karacters Design Group |
| **DIRECCIÓN ARTÍSTICA** | Maria Kennedy, Roy White |
| **DISEÑO** | Matthew Clark |
| **CLIENTE** | Overwaitea Food Group Urban Fare |
| **MEDIOS INFORMÁTICOS** | Adobe Illustrator |

| | |
|---|---|
| **ESTUDIO DE DISEÑO** | Lebowitz/Gould/Design, Inc. |
| **DIRECCIÓN ARTÍSTICA** | Sue Gould, Trisia Tomanelli |
| **DISEÑO** | Trisia Tomanelli |
| **CLIENTE** | An American Restaurant Group |
| **MEDIOS INFORMÁTICOS** | Adobe Illustrator, Macintosh |

| | |
|---|---|
| **ESTUDIO DE DISEÑO** | Lebowitz/Gould/Design, Inc. |
| **DIRECCIÓN ARTÍSTICA** | Sue Gould, Susan Chait, Maura Callahan |
| **DISEÑO** | Maura Callahan |
| **CLIENTE** | Velvet Bar en el Hard Rock Hotel, Orlando, Florida |
| **MEDIOS INFORMÁTICOS** | Adobe Illustrator, Macintosh |

| | |
|---:|:---|
| **ESTUDIO DE DISEÑO** | Jeff Fisher LogoMotives |
| **DIRECCIÓN ARTÍSTICA** | Jeff Fisher |
| **DISEÑO** | Jeff Fisher |
| **CLIENTE** | W.C. Winks Hardware (ferretería) |
| **MEDIOS INFORMÁTICOS** | Macromedia FreeHand, Macintosh |

| | |
|---|---|
| ESTUDIO DE DISEÑO | Jeff Fisher LogoMotives |
| DIRECCIÓN ARTÍSTICA | Jeff Fisher |
| DISEÑO | Jeff Fisher |
| CLIENTE | Peggy Sundays |
| MEDIOS INFORMÁTICOS | Macromedia FreeHand, Macintosh |

| | |
|---|---|
| **ESTUDIO DE DISEÑO** | Lloyds Graphic Design & Communication |
| **DIRECCIÓN ARTÍSTICA** | Alexander Lloyd |
| **DISEÑO** | Alexander Lloyd |
| **CLIENTE** | One Skinny Cook |
| **MEDIOS INFORMÁTICOS** | Macromedia FreeHand, Macintosh |

make yourself a home

| | |
|---|---|
| **ESTUDIO DE DISEÑO** | Lloyds Graphic Design & Communication |
| **DIRECCIÓN ARTÍSTICA** | Alexander Lloyd |
| **DISEÑO** | Alexander Lloyd |
| **CLIENTE** | A Cappella Furniture (muebles) |
| **MEDIOS INFORMÁTICOS** | Macromedia FreeHand, Macintosh |

| | |
|---|---|
| **ESTUDIO DE DISEÑO** | Louey/Rubino Design Group |
| **DIRECCIÓN ARTÍSTICA** | Robert Louey |
| **DIRECCIÓN CREATIVA** | Tony Chi & Associates |
| **DISEÑO** | Alex Chao |
| **CLIENTE** | NoMi |
| **MEDIOS INFORMÁTICOS** | Quark XPress, Adobe Illustrator, Macintosh |

ORCHARD STREET MARKET

| | |
|---|---|
| ESTUDIO DE DISEÑO | Love Communications |
| DIRECCIÓN ARTÍSTICA | Preston Wood |
| CLIENTE | Orchard Street Market |
| MEDIOS INFORMÁTICOS | Adobe Illustrator, Quark XPress |

| | |
|---|---|
| ESTUDIO DE DISEÑO | Total Creative |
| DIRECCIÓN ARTÍSTICA | Rod Dyer |
| DISEÑO | Michael Doret |
| CLIENTE | Hollywood & Vine Diner |
| MEDIOS INFORMÁTICOS | Adobe Illustrator 8.01 |

# ENGFER PIZZA WORKS

## WOOD-FIRED

| | |
|---:|:---|
| ESTUDIO DE DISEÑO | Energy Energy Design |
| DIRECCIÓN ARTÍSTICA | Leslie Guidice |
| DIRECCIÓN DE DISEÑO | Stacy Guidice |
| ILUSTRACIÓN | Tim Harris |
| CLIENTE | Engfer Pizza Works |
| MEDIOS INFORMÁTICOS | Adobe Illustrator, Macintosh |

# urban feast

| | |
|---|---|
| ESTUDIO DE DISEÑO | Nesnadny + Schwartz |
| DIRECCIÓN ARTÍSTICA | Joyce Nesnadny |
| DISEÑO | Joyce Nesnadny, Cindy Lowrey |
| CLIENTE | Urban Feast |
| MEDIOS INFORMÁTICOS | Macromedia FreeHand 8.0, Macintosh |

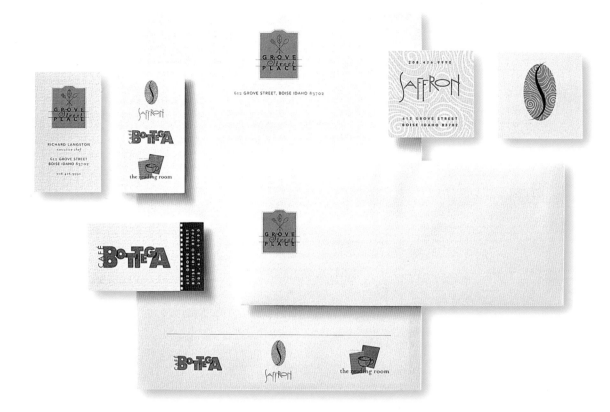

| | |
|---|---|
| **ESTUDIO DE DISEÑO** | Oliver Russell & Associates |
| **DIRECCIÓN ARTÍSTICA** | Kristy Weyhrich |
| **DISEÑO** | Kristy Weyhrich |
| **CLIENTE** | Alan Head, Grove Street Place |
| **MEDIOS INFORMÁTICOS** | Adobe Illustrator 8.0, Macintosh G4 |

| | |
|---:|:---|
| ESTUDIO DE DISEÑO | PM Design |
| DIRECCIÓN ARTÍSTICA | Philip Marzo |
| DISEÑO | Philip Marzo |
| CLIENTE | B. Heaven. |
| MEDIOS INFORMÁTICOS | Adobe Illustrator 8.0 |

| | |
|---:|:---|
| **ESTUDIO DE DISEÑO** | Palmquist Creative |
| **DIRECCIÓN ARTÍSTICA** | Andrea Stevenson |
| **DISEÑO** | Kelly Bellcour |
| **CLIENTE** | Big Sky Carvers–Single Green Frog |
| **MEDIOS INFORMÁTICOS** | Adobe Illustrator, Macintosh |

| | |
|---:|:---|
| **ESTUDIO DE DISEÑO** | Shamlian Advertising |
| **DIRECCIÓN ARTÍSTICA** | Fred Shamlian |
| **DISEÑO** | Darren Taylor, Edgar Uy |
| **CLIENTE** | Du Jour Catering |
| **MEDIOS INFORMÁTICOS** | Macintosh, Adobe Illustrator 8.0, Quark XPress 4.1 |

du jour
market / catering / patisserie

du jour
market / catering / patisserie

sally walsh proprietor
haverford square  379 lancaster ave. haverford, PA 19041
tel. 610.896.4556  fax 610.896.5944

lu jour
arket / catering / patisserie

erford square
lancaster ave.
erford, PA 19041

du jour market/catering/patisserie  haverford square  379 lancaster ave.  haverford, PA 19041  tel. 610.896.4556  fax 610.896.5944

| ESTUDIO DE DISEÑO | Second Floor |
|---|---|
| DIRECCIÓN ARTÍSTICA | Warren Welter |
| DISEÑO | Chris Twilling |
| CLIENTE | Personality Hotels |
| MEDIOS INFORMÁTICOS | Adobe Illustrator, Quark XPress, Macintosh |

| | |
|---|---|
| **ESTUDIO DE DISEÑO** | Second Floor |
| **DIRECCIÓN ARTÍSTICA** | Warren Welter |
| **DISEÑO** | Andrea Griffin |
| **CLIENTE** | Vine Solutions/Glow |
| **MEDIOS INFORMÁTICOS** | Adobe Photoshop, Adobe Illustrator, Quark XPress, Macintosh |

# CHICAGO
# CUTLERY®

**136**
TIENDAS,
RESTAURANTES
Y HOTELES

ESTUDIO DE DISEÑO | MLR Design
DIRECCIÓN ARTÍSTICA/DISEÑO | Julie Wineski
CLIENTE | World Kitchen
MEDIOS INFORMÁTICOS | Adobe Illustrator 8.0, Macintosh

| | |
|---|---|
| ESTUDIO DE DISEÑO | Lewis Moberly |
| DIRECCIÓN ARTÍSTICA | Mary Lewis |
| DISEÑO | Joanne Smith |
| CLIENTE | Finca Flichman |
| MEDIOS INFORMÁTICOS | Adobe Illustrator 8.0, Macintosh |

FINCA FLICHMAN
WINERY

| | |
|---|---|
| ESTUDIO DE DISEÑO | Sayles Graphic Design |
| DIRECCIÓN ARTÍSTICA | John Sayles |
| DISEÑO | John Sayles |
| CLIENTE | Sayles Graphic Design |
| MEDIOS INFORMÁTICOS | Adobe Illustrator, Macintosh |

| | |
|---|---|
| **ESTUDIO DE DISEÑO** | Sayles Graphic Design |
| **DIRECCIÓN ARTÍSTICA** | John Sayles |
| **DISEÑO** | John Sayles |
| **CLIENTE** | Phil Goode Grocery (comestibles) |
| **MEDIOS INFORMÁTICOS** | Adobe Illustrator, Macintosh |

| | |
|---:|:---|
| ESTUDIO DE DISEÑO | Sayles Graphic Design |
| DIRECCIÓN ARTÍSTICA | John Sayles |
| DISEÑO | John Sayles |
| CLIENTE | Jordan Motors |
| MEDIOS INFORMÁTICOS | Adobe Illustrator, Macintosh |

| ESTUDIO DE DISEÑO | Sonsoles Llorens |
| DIRECCIÓN ARTÍSTICA | Sonsoles Llorens |
| DISEÑO | Sonsoles Llorens |
| CLIENTE | Storage/Marta Sanllehi, Javier Crosas |
| MEDIOS INFORMÁTICOS | Macromedia FreeHand, Macintosh |

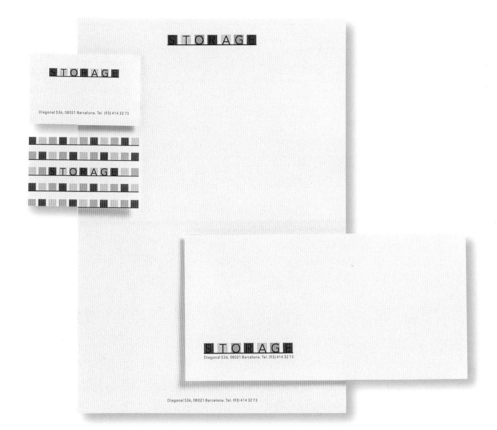

| | |
|---|---|
| ESTUDIO DE DISEÑO | Sonsoles Llorens |
| DIRECCIÓN ARTÍSTICA | Sonsoles Llorens |
| DISEÑO | Sonsoles Llorens |
| CLIENTE | Publicentre S.A./Enric Vives, presider |
| MEDIOS INFORMÁTICOS | Macromedia FreeHand, Adobe Photos |
| | Streamline, Macintosh |

| | |
|---|---|
| **ESTUDIO DE DISEÑO** | Sonsoles Llorens |
| **DIRECCIÓN ARTÍSTICA** | Sonsoles Llorens |
| **DISEÑO** | Sonsoles Llorens |
| **CLIENTE** | BCR/Kansas Café |
| **MEDIOS INFORMÁTICOS** | Macromedia FreeHand, Macintosh |

# DIVERSIÓN Y OCIO

| | |
|---|---|
| ESTUDIO DE DISEÑO | Anderson Thomas Design |
| DIRECCIÓN ARTÍSTICA | Jay Smith, Joel Anderson |
| DISEÑO | Jay Smith |
| CLIENTE | The Nashville Symphony |
| MEDIOS INFORMÁTICOS | Adobe Illustrator, Macintosh |

THE NASHVILLE SYMPHONY

| | |
|---|---|
| **ESTUDIO DE DISEÑO** | Beaulieu Concepts Graphiques, Inc. |
| **DIRECCIÓN ARTÍSTICA** | Gilles Beaulieu |
| **DISEÑO** | Gilles Beaulieu |
| **CLIENTE** | Pourvoirie du Lac Dionne |
| **MEDIOS INFORMÁTICOS** | Adobe Photoshop, Adobe Illustrator, Macintosh |

| | |
|---|---|
| **ESTUDIO DE DISEÑO** | Blok Design, Inc. |
| **DIRECCIÓN ARTÍSTICA** | Vanessa Eckstein |
| **DISEÑO** | Vanessa Eckstein, Frances Chen |
| **CLIENTE** | Rave Films |
| **MEDIOS INFORMÁTICOS** | Adobe Illustrator |

| | |
|---|---|
| ESTUDIO DE DISEÑO | Christopher Gorz Design |
| DIRECCIÓN ARTÍSTICA | Chris Gorz |
| DISEÑO | Chris Gorz |
| CLIENTE | Up-All-Nite Records |
| MEDIOS INFORMÁTICOS | Adobe Illustrator, Macintosh |

| | |
|---|---|
| **ESTUDIO DE DISEÑO** | Cato Partners |
| **DISEÑO** | Cato Partners |
| **CLIENTE** | Melbourne International Festival of the Arts |
| **MEDIOS INFORMÁTICOS** | Adobe Illustrator 6, Macintosh |

# WELLSPRING

| | |
|---:|:---|
| ESTUDIO DE DISEÑO | Design Center |
| DIRECCIÓN ARTÍSTICA | John Reger |
| DISEÑO | Sherwin Schwartzrock |
| CLIENTE | Wellspring |
| MEDIOS INFORMÁTICOS | Macromedia FreeHand, Macintosh |

| | |
|---|---|
| ESTUDIO DE DISEÑO | C.W.A., Inc. |
| DIRECCIÓN ARTÍSTICA | Calvin Woo |
| DISEÑO | Marco Sipriaso |
| CLIENTE | Asian-American Journalists |
| | Association/San Diego Asian Film Festival |
| MEDIOS INFORMÁTICOS | Adobe Illustrator 9 |

TRANQUILLITY

TRANQUILLITY

*Larry Barnet* Captain

*Telephone* 871 32 531 4910
*Facsimile* 871 32 531 4911

*Telephone* 871 32 531 4910   *Facsimile* 871 32 531 4911

| | |
|---|---|
| ESTUDIO DE DISEÑO | Duarte Design |
| DIRECCIÓN ARTÍSTICA | Dave Zavala |
| DISEÑO | Dave Zavala |
| CLIENTE | Cubìco |
| MEDIOS INFORMÁTICOS | Adobe Illustrator, Quark XPress, Adobe Photoshop, Macintosh |

**Michelle Kuramoto**
*Marketing, Project Manager*

535 South Market Street
Suite 314
San Jose, CA 95113
408.286.2182T
408.286.2183F
michelle@cubico.com

www.cubico.com

535 South Market Street
Suite 314
San Jose, CA 95113

535 South Market Street
Suite 314
San Jose, CA 95113
408.286.2182T
408.286.2183 F

| | |
|---|---|
| ESTUDIO DE DISEÑO | Drive Communications |
| DIRECCIÓN ARTÍSTICA | Michael Graziolo |
| DISEÑO | Michael Graziolo |
| CLIENTE | Michael Bloomberg/Tranquility |
| EDIOS INFORMÁTICOS | Adobe Illustrator 8.0, Macintosh |

| | |
|---|---|
| **ESTUDIO DE DISEÑO** | Gardner Design |
| **DIRECCIÓN ARTÍSTICA** | Travis Brown, Bill Gardner |
| **DISEÑO** | Travis Brown |
| **CLIENTE** | The Oaks |
| **MEDIOS INFORMÁTICOS** | Macromedia FreeHand, Adobe Photoshop |

| ESTUDIO DE DISEÑO | Gardner Design |
| --- | --- |
| DIRECCIÓN ARTÍSTICA | Chris Parks |
| DISEÑO | Chris Parks |
| CLIENTE | Red Devils Softball Team (equipo de softball "Red Devils") |
| MEDIOS INFORMÁTICOS | Macromedia FreeHand, Adobe Photoshop |

| | |
|---:|:---|
| **ESTUDIO DE DISEÑO** | Gardner Design |
| **DIRECCIÓN ARTÍSTICA** | Chris Parks |
| **DISEÑO** | Chris Parks |
| **CLIENTE** | Dewy & The Big Dogs |
| **MEDIOS INFORMÁTICOS** | Macromedia FreeHand |

| | |
|---|---|
| **ESTUDIO DE DISEÑO** | Hornall Anderson Design Works, Inc. |
| **DIRECCIÓN ARTÍSTICA** | Jack Anderson |
| **DISEÑO** | Jack Anderson, Andrew Smith, |
| | Mary Chin Hutchison, Taro Sakita |
| **CLIENTE** | K2 Corporation/K2 Skis Mod Logo |
| **MEDIOS INFORMÁTICOS** | Adobe Photoshop |

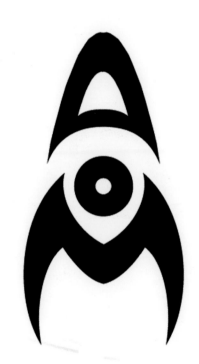

# GROUND
# zerØ

| | |
|---|---|
| ESTUDIO DE DISEÑO | Hornall Anderson Design Works, Inc. |
| DIRECCIÓN ARTÍSTICA | Jack Anderson |
| DISEÑO | Jack Anderson, Kathy Saito, Julie Lock, Ed Lee, Heidi Favour, Virginia Le, Sonja Max |
| CLIENTE | Ground Zero |
| MEDIOS INFORMÁTICOS | Macromedia FreeHand |

| | |
|---|---|
| ESTUDIO DE DISEÑO | Hornall Anderson Design Works, Inc. |
| DIRECCIÓN ARTÍSTICA | Jack Anderson |
| DISEÑO | Jack Anderson, Belinda Bowling, Andrew Smith, Don Stayner |
| CLIENTE | Streamworks |
| MEDIOS INFORMÁTICOS | Adobe Illustrator |

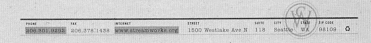

| | |
|---|---|
| **ESTUDIO DE DISEÑO** | Hornall Anderson Design Works, Inc. |
| **DIRECCIÓN ARTÍSTICA** | Jack Anderson |
| **DISEÑO** | Jack Anderson, Katha Dalton, Henry Yiu, |
| | Tiffany Scheiblauer, Darlin Gray, Brad Sherman |
| **CLIENTE** | Recharge |
| **MEDIOS INFORMÁTICOS** | Macromedia FreeHand |

| | |
|---|---|
| **ESTUDIO DE DISEÑO** | Insight Design Communications |
| **DIRECCIÓN ARTÍSTICA** | Sherrie & Tracy Holdeman |
| **DISEÑO** | Sherrie & Tracy Holdeman |
| **CLIENTE** | 4Points Travel |
| **MEDIOS INFORMÁTICOS** | Hand Drawn, Macromedia FreeHand 9.0.1 |

| | |
|---|---|
| ESTUDIO DE DISEÑO | Jeff Fisher LogoMotives |
| DIRECCIÓN ARTÍSTICA | Jeff Fisher |
| DISEÑO | Jeff Fisher |
| CLIENTE | Triangle Productions! |
| MEDIOS INFORMÁTICOS | Macromedia FreeHand, Macintosh |

| | |
|---|---|
| ESTUDIO DE DISEÑO | Lloyds Graphic Design & Communication |
| DIRECCIÓN ARTÍSTICA | Alexander Lloyd |
| DISEÑO | Alexander Lloyd |
| CLIENTE | Functions Unlimited |
| MEDIOS INFORMÁTICOS | Macromedia FreeHand, Macintosh |

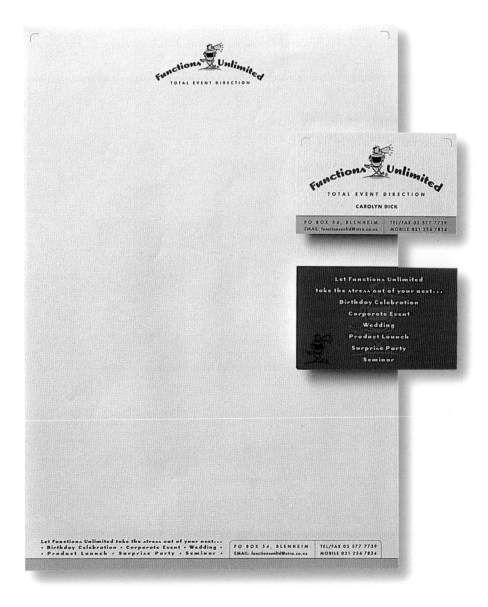

ESTUDIO DE DISEÑO | Michael Doret Graphic Design
DIRECCIÓN ARTÍSTICA | Joel Hladecek
DISEÑO | Michael Doret
CLIENTE | Red Sky Interactive
MEDIOS INFORMÁTICOS | Adobe Illustrator 8.01

| | |
|---:|:---|
| **ESTUDIO DE DISEÑO** | Michael Doret Graphic Design |
| **DIRECCIÓN ARTÍSTICA** | Michael Doret |
| **DISEÑO** | Michael Doret |
| **CLIENTE** | Squirrel Nut Zippers |
| **MEDIOS INFORMÁTICOS** | Adobe Illustrator 8.01 |

**ESTUDIO DE DISEÑO** | Sayles Graphic Design
**DIRECCIÓN ARTÍSTICA** | John Sayles
**DISEÑO** | John Sayles
**CLIENTE** | Glazed Expressions
**MEDIOS INFORMÁTICOS** | Adobe Illustrator, Macintosh

| | |
|---|---|
| ESTUDIO DE DISEÑO | Sayles Graphic Design |
| DIRECCIÓN ARTÍSTICA | John Sayles |
| DISEÑO | John Sayles |
| CLIENTE | Pattee Enterprises |
| MEDIOS INFORMÁTICOS | Adobe Illustrator, Macintosh |

# EDUCACIÓN, SANIDAD Y ENTIDADES SIN AFÁN DE LUCRO

### Centre de santé dentaire
## PLAMONDON

**Dr Julie Plamondon**
Dentiste

2081, Marie-Victorin
Varennes (Québec)  J3X 1R3
Tél. : (450) **652-3363**

| | |
|---|---|
| **ESTUDIO DE DISEÑO** | Beaulieu Concepts Graphiques, Inc. |
| **DIRECCIÓN ARTÍSTICA** | Gilles Beaulieu |
| **DISEÑO** | Gilles Beaulieu |
| **CLIENTE** | Dr. Julie Plamondon |
| **MEDIOS INFORMÁTICOS** | Adobe Photoshop, Adobe Illustrator, Macintosh |

Centre de santé dentaire
PLAMONDON
2081, Marie-Victorin
Varennes (Québec) J3X 1R3

| | |
|---|---|
| ESTUDIO DE DISEÑO | Bakker Design |
| DIRECCIÓN ARTÍSTICA | Doug Bakker |
| DISEÑO | Doug Bakker, Brian Sauer |
| CLIENTE | Mentor Iowa |
| MEDIOS INFORMÁTICOS | Macromedia FreeHand 9, Macintosh |

EDUCACIÓN,
SANIDAD Y
ENTIDADES SIN
AFÁN DE LUCRO

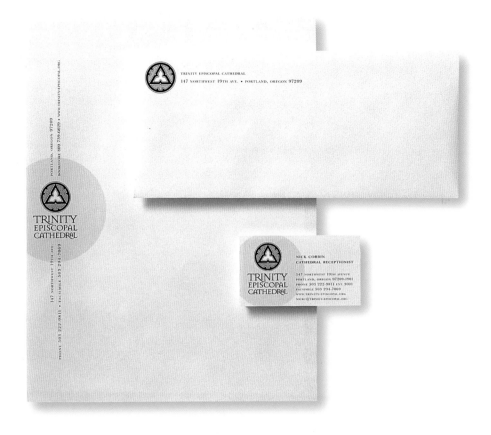

| ESTUDIO DE DISEÑO | Bailey/Franklin |
|---|---|
| DIRECCIÓN ARTÍSTICA | Connie Lightner |
| DISEÑO | Connie Lightner |
| CLIENTE | Trinity Episcopal Cathedral (Catedral episcopaliana de la Trinidad) |
| MEDIOS INFORMÁTICOS | Quark XPress, Adobe Illustrator, Macintosh |

ESTUDIO DE DISEÑO | Design Center
DIRECCIÓN ARTÍSTICA | John Reger
DISEÑO | Sherwin Schwartzrock
CLIENTE | Minnesota School Boards Association
(Asociación de consejos escolares
de Minnesota)
MEDIOS INFORMÁTICOS | Macromedia FreeHand, Macintosh

ESTUDIO DE DISEÑO | DogStar
DIRECCIÓN ARTÍSTICA | Charles Black/Intermark Gillis
DISEÑO | Rodney Davidson
CLIENTE | Watch Me Grow Learning Center
(Centro educativo "Mira cómo crezco")
MEDIOS INFORMÁTICOS | Macromedia FreeHand 7

| ESTUDIO DE DISEÑO | DogStar |
| DISEÑO | Rodney Davidson |
| CLIENTE | Black Warrior–Cahaba River Land Trust |
| MEDIOS INFORMÁTICOS | Macromedia FreeHand 7 |

EDUCACIÓN,
SANIDAD Y
ENTIDADES SIN
AFÁN DE LUCRO

| | |
|---|---|
| **ESTUDIO DE DISEÑO** | Hornall Anderson Design Works, Inc. |
| **DIRECCIÓN ARTÍSTICA** | Jack Anderson, Lisa Cerveny |
| **DISEÑO** | Lisa Cerveny, Jana Nishi, Bruce Branson-Meyer, Don Stayner, Mary Chin Hutchison, Jack Anderson |
| **CLIENTE** | XOW! |
| **MEDIOS INFORMÁTICOS** | Macromedia FreeHand |

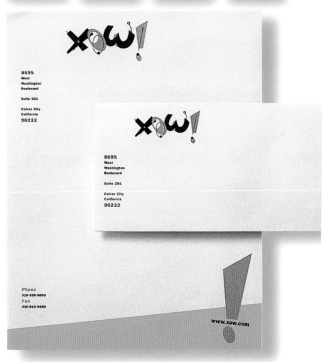

EDUCACIÓN,
SANIDAD Y
ENTIDADES SIN
AFÁN DE LUCRO

| | |
|---|---|
| ESTUDIO DE DISEÑO | Icehouse Design |
| DIRECCIÓN ARTÍSTICA | Bjorn Akselsen |
| DISEÑO | Bjorn Akselsen |
| CLIENTE | Yale University's Blue Dog Café |
| | (Blue Dog Café de la Universidad de Yale) |
| MEDIOS INFORMÁTICOS | Adobe Illustrator, Macintosh |

| | |
|---|---|
| **ESTUDIO DE DISEÑO** | Insight Design Communications |
| **DIRECCIÓN ARTÍSTICA** | Sherrie & Tracy Holdeman |
| **DISEÑO** | Sherrie & Tracy Holdeman |
| **CLIENTE** | Gear Up |
| **MEDIOS INFORMÁTICOS** | Hand Drawn, Macromedia FreeHand 9.0.1 |

Dr. Richard Visser

IN 8  水

dr. Richard Visser · Havenstraat #30
Oranjestad, Aruba

Dr. Richard Visser

IN 8  水

t  297 889441

f  297 889170

dr. Richard Visser · Havenstraat #30
Oranjestad, Aruba
innate@arubacomputers.com

| DIRECCIÓN ARTÍSTICA | Melanie Sherwood |
|---:|:---|
| DISEÑO | Melanie Sherwood |
| CLIENTE | Unity Center of Positive Prayer |
| | (Centro de la unidad de plegaria positiva) |
| MEDIOS INFORMÁTICOS | Adobe Illustrator, Macintosh |

# UNITY CENTER

## A CHURCH OF POSITIVE PRAYER

| ESTUDIO DE DISEÑO | Miriello Grafico |
|---:|:---|
| DIRECCIÓN ARTÍSTICA | Chris Keeney |
| DISEÑO | Chris Keeney |
| CLIENTE | Visser |
| MEDIOS INFORMÁTICOS | Adobe Illustrator |

| | |
|---|---|
| ESTUDIO DE DISEÑO | Stoltze Design |
| DIRECCIÓN ARTÍSTICA | Clifford Stoltze |
| DISEÑO | Lee Schulz, Cindy Patten, Brandon Blangger |
| CLIENTE | Six Red Marbles |
| MEDIOS INFORMÁTICOS | Macromedia FreeHand, Adobe Illustrator, Quark XPress, Macintosh |

six**red**marbles

| | |
|---|---|
| **ESTUDIO DE DISEÑO** | Sayles Graphic Design |
| **DIRECCIÓN ARTÍSTICA** | John Sayles |
| **DISEÑO** | John Sayles |
| **CLIENTE** | Advertising Professionals of Des Moines (Profesionales publicitarios de Des Moines) |
| **MEDIOS INFORMÁTICOS** | Adobe Illustrator, Macintosh |

| | |
|---|---|
| **ESTUDIO DE DISEÑO** | Stewart Monderer Design, Inc. |
| **DIRECCIÓN ARTÍSTICA** | Stewart Monderer |
| **DISEÑO** | Jeffrey Gobin, Stewart Monderer |
| **CLIENTE** | Massachusetts Bar Association |
| | (Colegio de abogados de Massachusetts) |
| **MEDIOS INFORMÁTICOS** | Adobe Illustrator, Quark XPress, Macintosh |

| | |
|---|---|
| ESTUDIO DE DISEÑO | Visual Marketing Associates, Inc. |
| DIRECCIÓN ARTÍSTICA | Kenneth Botts, Jason Selke |
| DISEÑO | Jason Selke |
| CLIENTE | Future of Diabetics, Inc./ Field of Dreams |
| MEDIOS INFORMÁTICOS | Macromedia FreeHand 8.0, Macintosh |

# VARIOS

**STUDIO DE DISEÑO** | Anderson Thomas Design
**ECCIÓN ARTÍSTICA** | Joel Anderson
**DISEÑO** | Ramay Lewis
**CLIENTE** | Hardwear
**OS INFORMÁTICOS** | Adobe Illustrator, Adobe Photoshop, Macintosh

| | |
|---|---|
| **ESTUDIO DE DISEÑO** | Buchanan Design |
| **DIRECCIÓN ARTÍSTICA** | Bobby Buchanan |
| **DISEÑO** | Armando Abundis, Bobby Buchanan |
| **CLIENTE** | Hispanicvista.com |
| **MEDIOS INFORMÁTICOS** | Adobe Illustrator, Macintosh |

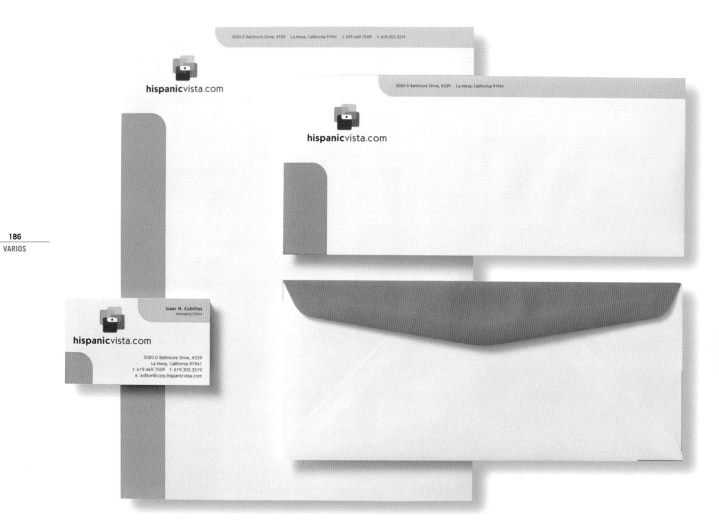

# Conseil interprofessionnel du Québec

| | |
|---|---|
| ESTUDIO DE DISEÑO | Beaulieu Concepts Graphiques, Inc. |
| DIRECCIÓN ARTÍSTICA | Gilles Beaulieu |
| DISEÑO | Gilles Beaulieu |
| CLIENTE | CIQ |
| MEDIOS INFORMÁTICOS | Adobe Illustrator, Macintosh |

## mextile

| ESTUDIO DE DISEÑO | cincodemayo |
|---|---|
| DIRECCIÓN ARTÍSTICA | Mauricio Alanis |
| DISEÑO | Mauricio Alanis |
| CLIENTE | Mextile |
| MEDIOS INFORMÁTICOS | Macromedia FreeHand, Macintosh |

**ESTUDIO DE DISEÑO** | Catalina Design Group
**DIRECCIÓN ARTÍSTICA** | Elena Abee
**DISEÑO** | Elena Abee
**CLIENTE** | D.R. Horton
**MEDIOS INFORMÁTICOS** | Adobe Illustrator, Adobe Photoshop

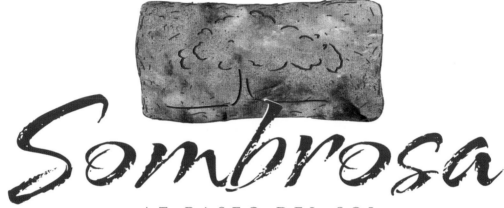

Sombrosa

AT PASEO DEL SOL

| | |
|---|---|
| **ESTUDIO DE DISEÑO** | Catalina Design Group |
| **DIRECCIÓN ARTÍSTICA** | Elena Abee |
| **DISEÑO** | Elena Abee |
| **CLIENTE** | Continental |
| **MEDIOS INFORMÁTICOS** | Adobe Illustrator, Adobe Photosho |

| | |
|---|---|
| ESTUDIO DE DISEÑO | Gee + Chung Design |
| DIRECCIÓN ARTÍSTICA | Earl Gee |
| DISEÑO | Earl Gee, Kay Wu |
| CLIENTE | iAsiaWorks, Inc. |
| MEDIOS INFORMÁTICOS | Adobe Illustrator, Quark XPress |

$$\left[\begin{array}{c} \text{W O R L D W I D E} \\ \text{O P E R A T I O N S} \end{array}\right]$$

$$\left[\begin{array}{c} \text{M I S S I O N} \\ \text{S T A T E M E N T} \end{array}\right]$$

$$\left[\begin{array}{c} \text{S T R A T E G I C} \\ \text{I N I T I A T I V E S} \end{array}\right]$$

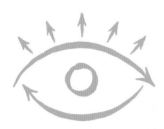

$$\left[\,\text{V A L U E S}\,\right]$$

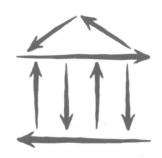

$$\left[\begin{array}{c} \text{A R C H I T E C T U R A L} \\ \text{D I R E C T I O N} \end{array}\right]$$

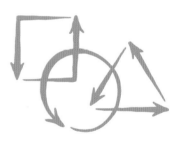

$$\left[\,\text{C O M P O N E N T S}\,\right]$$

ESTUDIO DE DISEÑO | Gee + Chung Design
DIRECCIÓN ARTÍSTICA | Earl Gee
DISEÑO | Earl Gee, Fani Chung
CLIENTE | Sun Microsystems
MEDIOS INFORMÁTICOS | Adobe Illustrator, Quark XPress

| ESTUDIO DE DISEÑO | Gardner Design |
|---:|:---|
| DIRECCIÓN ARTÍSTICA | Chris Parks |
| DISEÑO | Chris Parks |
| CLIENTE | Blue Hat Media |
| MEDIOS INFORMÁTICOS | Macromedia FreeHand 8 |

| | |
|---:|:---|
| **ESTUDIO DE DISEÑO** | Gardner Design |
| **DIRECCIÓN ARTÍSTICA** | Chris Parks |
| **DISEÑO** | Chris Parks |
| **CLIENTE** | Ares |
| **MEDIOS INFORMÁTICOS** | Macromedia FreeHand |

| | |
|---|---|
| **ESTUDIO DE DISEÑO** | Gardner Design |
| **DIRECCIÓN ARTÍSTICA** | Chris Parks |
| **DISEÑO** | Chris Parks |
| **CLIENTE** | Prairie State Bank |
| **MEDIOS INFORMÁTICOS** | Macromedia FreeHand |

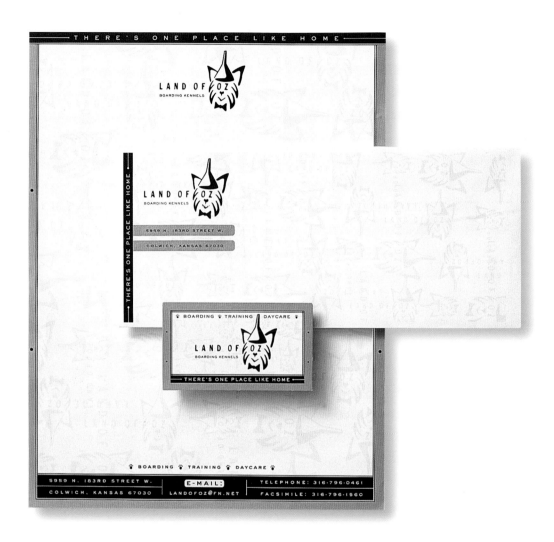

ESTUDIO DE DISEÑO | Gardner Design
DIRECCIÓN ARTÍSTICA | Travis Brown
DISEÑO | Travis Brown
CLIENTE | Land of Oz Kennels
MEDIOS INFORMÁTICOS | Macromedia FreeHand

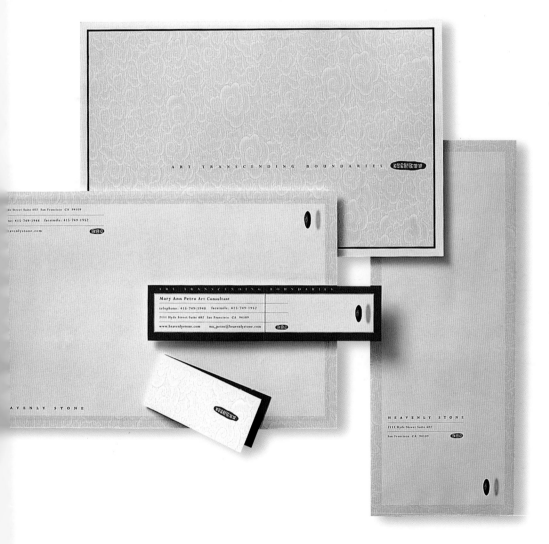

| | |
|---|---|
| ESTUDIO DE DISEÑO | Hornall Anderson Design Works, Inc. |
| DIRECCIÓN ARTÍSTICA | Jack Anderson |
| DISEÑO | Jack Anderson, Henry Yiu, Taka Suzuki |
| CLIENTE | Heavenly Stone |
| MEDIOS INFORMÁTICOS | Macromedia FreeHand |

| | |
|---|---|
| ESTUDIO DE DISEÑO | Insight Design Communications |
| DIRECCIÓN ARTÍSTICA | Sherrie & Tracy Holdeman |
| DISEÑO | Sherrie & Tracy Holdeman |
| CLIENTE | eMeter |
| MEDIOS INFORMÁTICOS | Macromedia FreeHand 9.0.1 |

| | |
|---|---|
| **ESTUDIO DE DISEÑO** | Insight Design Communications |
| **DIRECCIÓN ARTÍSTICA** | Sherrie & Tracy Holdeman |
| **DISEÑO** | Sherrie & Tracy Holdeman |
| **CLIENTE** | Brad Bachman Homes, Inc. |
| **MEDIOS INFORMÁTICOS** | Hand Drawn, Macromedia FreeHand 9.0.1 |

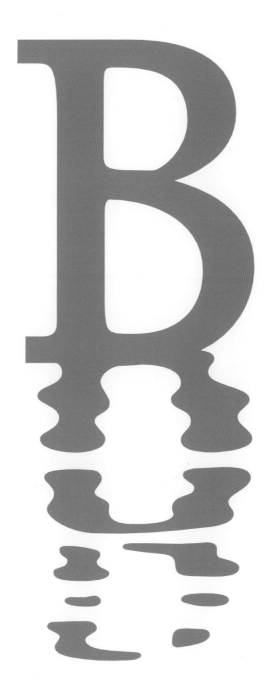

| | |
|---|---|
| ESTUDIO DE DISEÑO | Insight Design Communications |
| DIRECCIÓN ARTÍSTICA | Sherrie & Tracy Holdeman |
| DISEÑO | Sherrie & Tracy Holdeman |
| CLIENTE | Naples Remodeling |
| MEDIOS INFORMÁTICOS | Hand Drawn, Macromedia FreeHand 9.0.1 |

200
VARIOS

clearly canadian.®

| | |
|---|---|
| ESTUDIO DE DISEÑO | Karacters Design Group |
| DIRECCIÓN ARTÍSTICA | Maria Kennedy |
| DISEÑO | Matthew Clark |
| CLIENTE | CC Beverage Corporation |
| MEDIOS INFORMÁTICOS | Adobe Illustrator |

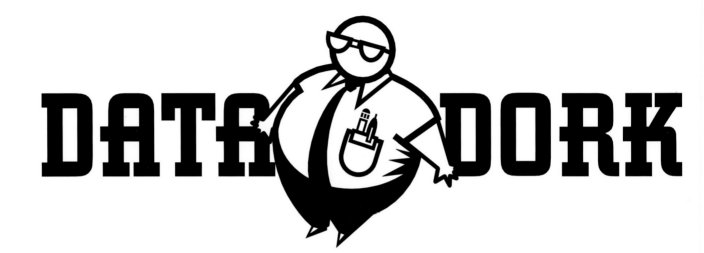

| | |
|---:|:---|
| **ESTUDIO DE DISEÑO** | Jeff Fisher LogoMotives |
| **DIRECCIÓN ARTÍSTICA** | Jeff Fisher |
| **DISEÑO** | Jeff Fisher |
| **CLIENTE** | Datadork |
| **MEDIOS INFORMÁTICOS** | Macromedia FreeHand, Macintosh |

| | |
|---|---|
| ESTUDIO DE DISEÑO | Miriello Grafico |
| DIRECCIÓN ARTÍSTICA | Dennis Garcia |
| DISEÑO | Dennis Garcia |
| CLIENTE | Technically Correct |
| MEDIOS INFORMÁTICOS | Adobe Illustrator |

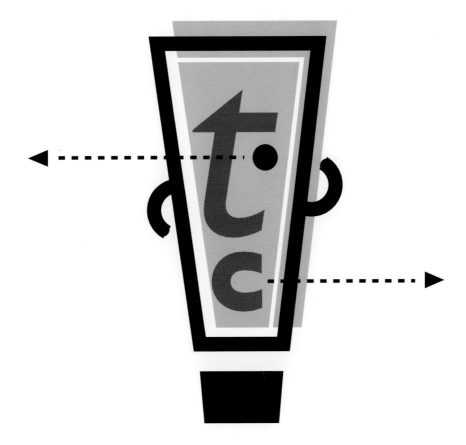

| ESTUDIO DE DISEÑO | Sayles Graphic Design |
|---|---|
| DIRECCIÓN ARTÍSTICA | John Sayles |
| DISEÑO | John Sayles |
| CLIENTE | Sayles Graphic Design |
| MEDIOS INFORMÁTICOS | Adobe Illustrator, Macintosh |

| | |
|---|---|
| **ESTUDIO DE DISEÑO** | Sayles Graphic Design |
| **DIRECCIÓN ARTÍSTICA** | John Sayles |
| **DISEÑO** | John Sayles |
| **CLIENTE** | Sayles Graphic Design |
| **MEDIOS INFORMÁTICOS** | Adobe Illustrator, Macintosh |

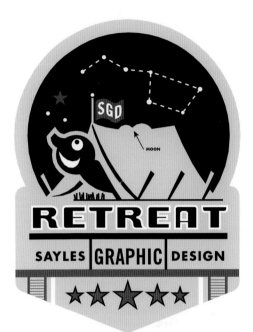

# DIRECTORIO

A1 Design
601 Minnesota Street #120
San Francisco, CA 94107

Anderson Thomas Design
110 29th Avenue North, Suite 100
Nashville, TN 37203

art+corporate culture
A-1060 Wien
Esterhazyg.19
Austria

ARTiculation Group
33 Bloor Street East, Suite 1302
M4W 3T4
Toronto, Ontario
Canadá

Bailey/Franklin
0121 SW Bancroft Street
Portland, OR 97201

Bakker Design
4507 98th Street
Urbandale, IA 50322

Base Art Co.
The Ripley House
623 High Street
Worthington, OH 43085

Beaulieu Concepts Graphiques, Inc.
38 Adelaide Avenue
Candiac, Quebec J5R 3J7
Canadá

Becker Design
225 East Saint Paul Avenue, Suite 300
Milwaukee, WI 53202

Blok Design
398 Adelaide Street West, Suite 602
Toronto, Ontario M5V 2K4
Canadá

Bruce Yelaska Design
1546 Grant Avenue
San Francisco, CA 94133

Buchanan Design
1035 F Street
San Diego, CA 92101

Bullet Communications, Inc.
200 South Midland Avenue
Joliet, IL 60436

Catalina Design Group
8911 Complex Drive, Suite F
San Diego, CA 92123

Cato Partners PTY Limited
254 Swan Street
Richmond 3121
Australia

Christopher Gorz Design
1122 Cambridge Drive
Grayslake, IL 60030

cincodemayo
5 de Mayo #1058 pte.
Monterrey, NL
México 64000

Collider, Inc.
133 West 19th Street
Nueva York, NY 10011

C.W.A., Inc.
4015 Ibis Street
San Diego, CA 92103

D4 Creative Group
161 Leverington Avenue, Suite 1001
Filadelfia, PA 19127-2034

Design Center
15119 Minnetonka Boulevard
Mound, MN 55364

DGWB
217 North Main Street #200
Santa Ana, CA 92701

Di Luzio D.G. & Comunicación
Terrero 2981
San Isidro
Argentina

DogStar
626 54th Street South
Birmingham, AL 35203

Drive Communications
133 West 19th Street
Nueva York, NY 10011

Duarte Design
809 Cuesta Drive, Suite 210
Mountain View, CA 94040

Dynamo Design
5 Upper Ormond Quay
Dublín
Irlanda

D Zone Studio
273 West 7th Street
San Pedro, CA 90731
Energy Energy Design
246 Blossom Hill Road
Los Gatos, CA 95032

e-xentric (UK) Ltd
135 Park Street
Londres - SE1 9EA
RU

Fuel Creative
23 College Street
Greenville, SC 29601

Gardner Design
3204 East Douglas
Wichita, KS 67208

Gee + Chung Design
38 Bryant Street, Suite 100
San Francisco, CA 94105

Graphiculture
322 1st Avenue North #304
Minneapolis, MN 55401

Halleck
700 Welch Road #310
Palo Alto, CA 94304

Hornall Anderson Design Works, Inc.
1008 Western Avenue, Suite 600
Seattle, WA 98104

I. Paris Design
246 Gates Avenue
Brooklyn, NY 11238

Icehouse Design
266 West Rock Avenue
New Haven, CT 06515

Insight Design Communications
322 South Mosley
Wichita, KS 67202

Jay Smith Design
4709 Idaho Avenue
Nashville, TN 37209